10分でわかる

突然の相続への備え方

大切な人が
亡くなる前に
あなたにできる
手続きのすべて

弁護士法人おおたか総合法律事務所　弁護士　**鈴木優大**
税理士法人スターズ　代表税理士　**藤井幹久**

WAVE出版

はじめに

何を、考えればいいのか

「相続のこと、そろそろ考えないと」

そう感じて本書を手に取った方も多いかと思います。
では、実際のところ、相続に当たって何を考えればいいのでしょうか。実は、その答えは、とてもシンプルです。

「何も準備をしなくても、問題ないか」ということから考えればいいのです。

何も準備をしなくても、

- **誰が相続人になるのか**
- **誰がどのような割合で遺産を受け取るのか**
- **どこまでの財産が遺産となるのか**

・**誰がどの遺産を受け取るのか**
・**相続税は発生するのか**
・**相続税はいくらになるのか**

という基本的な知識を知っていて、自分のケースに当てはめて答えられるかがすべての出発点になります。

「そんなこと知らなくても、**うちは財産がほとんどないから大丈夫**」
「**うちは家族みんな仲がいいから大丈夫**」

そう思っている方も少なくないでしょう。

現実は、預貯金などの現金の財産がなくても実家（持ち家）がある場合や、お金について家族間の意思疎通ができていない場合には、相続トラブルが少なからず生じます。

実家から独立してあまりご家族と会わない方、ご高齢のご両親と一緒に暮らしている方、実家をどのように相続するか決めていますか。遺言書は用意されていますか。ご両親はもちろん、兄弟姉妹と相続について話し合っていますか。

相続でもめるのは、「困ったときは誰かが考えてくれる」という姿勢で、何にも知らずに、何にも準備していない場合です。**相続は、自分の大切な人に関わることです**。他人事ではありません。

この本は、他人事ではない、自分に関する相続についての知識と手続きを、まったく法律知識がない方でも読みやすいようにまとめた1冊です。目次や、親族相関係図をみて、自分に関係がありそうなところをペラペラめくるだけでも構いません。自分事だと思いながら目を通すだけで、相続を人任せにするのではなく、自分のケースを自分で考えることができるようになります。

第1章では、絶対に知っておくべき**相続の基本的な知識を説明**しています。この知識をもとに実際にあなたのケースに当てはめることができるようにしましょう。もうすでに、これらの基本的な知識があって答えられる方は、第2章に進んでください。

第2章では、将来の相続において何を優先したいのかを具体的にイメージして、第1章で身につけた知識をもとに、**実際に相続に備えていただく**ことになります。

基本的な知識をもっているあなたが、「何も準備をしなかった場合の相続」を想定して、その想定が100％満足できる相続なのであれば、第2章の相続対策は必要ありません。第3章の法改正についての情報を一読してください。最新の相続制度を知って、相続の準備をしておきましょう。
一方、「何も準備をしなかった場合の相続」では、大切な人が亡くなったときに、相続人間でもめてしまうかもしれない、相続税を支払えないかもしれない、自身の取り分が少なく不満が残る…という場合には、第2章で紹介する相続対策が必要となりますので、第1章から読み進めてください。

第4章では、実際の相続事例を紹介します。**相続トラブルなんて関係ない**と思っている方は、是非この章を読んでみてください。大丈夫だと思っている方ほど、思わぬところに落とし穴がありま す。専門家に相談した場合のおおよその料金も示していますので、参考にしてください。第1章〜第3章までの知識と手続きを踏まえた相続トラブルを回避するためのポイントも説明しますので、ご自身のケースの参考にしていただければと思います。

本書が、あなたの相続の不安を解消する一助になれば幸いです。

▶親族相関図

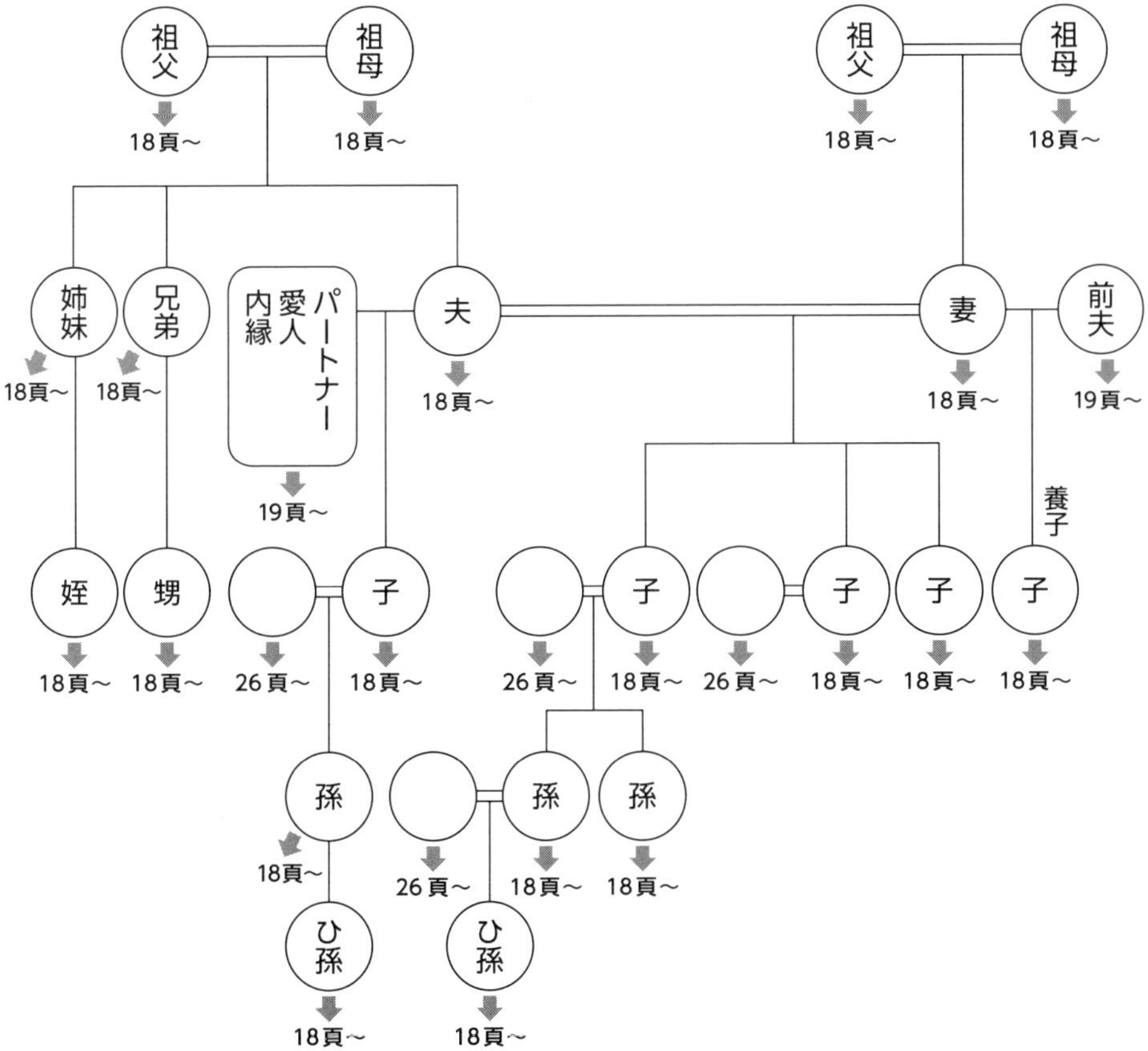

● 遺産分割について →32頁～
● 相続税について →40頁～
● 遺言について →57頁～
● 生前の贈与について →69頁～

目次

第2章 大切な人が亡くなる前にしておくこと ～相続に向けての事前行動

第3章 新しくなった相続に関する法律の知識 ～最新の相続制度

第4章 相続事例 ～身近な相続問題

※本書は２０１９年12月時点における法令に基づいています。

第1章

大切な人が亡くなる前に知っておくこと

～相続の基本知識

1. 誰が相続人になるのか

▼優先順位が最も高いのは配偶者と子ども

誰が相続人になるかは、民法で規定されています（民法で規定された相続人を「法定相続人」といいます）。

まず、亡くなった方（「被相続人」といいます）の**配偶者は常に相続人**となります。

そして、配偶者とともに、①子ども、②子どもがいない場合には親、③子どもも親もいない場合には兄弟姉妹が順次相続人となります。

ここでは、①子ども、②親、③兄弟姉妹と書きましたが、民法の規定は少し複雑で、次のように順位が規定されています。

第1順位　子ども→孫→ひ孫　（被相続人の直系卑属）
第2順位　親→祖父母→曾祖父母　（被相続人の直系尊属）
第3順位　兄弟姉妹→甥・姪　（被相続人の兄弟姉妹）

「直系卑属」は自身の下の世代の者、「直系尊属」は自身の上の世代の者という意味です。

▼実子か養子かは関係ない

子どもには、実子のみならず、**養子も含まれます**。

実子は、被相続人自身の子どもの意味で、例えば前妻との間の子ども、認知した子どもなども当然に含まれます。そのため、残された家族の知らない隠し子が突然現れるという、テレビドラマのような展開も、現実でも珍しくはありません。

▼法律上の婚姻関係のある配偶者のみ

配偶者は、被相続人が亡くなった時点（相続開始時点）で、婚姻届を出して籍を入れている（法律上の婚姻関係にある）配偶者に限られます。そのため、離婚した配偶者（前妻・前夫）は、相続人にはなりません。また、内縁関係の夫や妻、事実婚のパートナー、愛人なども相続人にはなりません。

図表1　家系図（例）

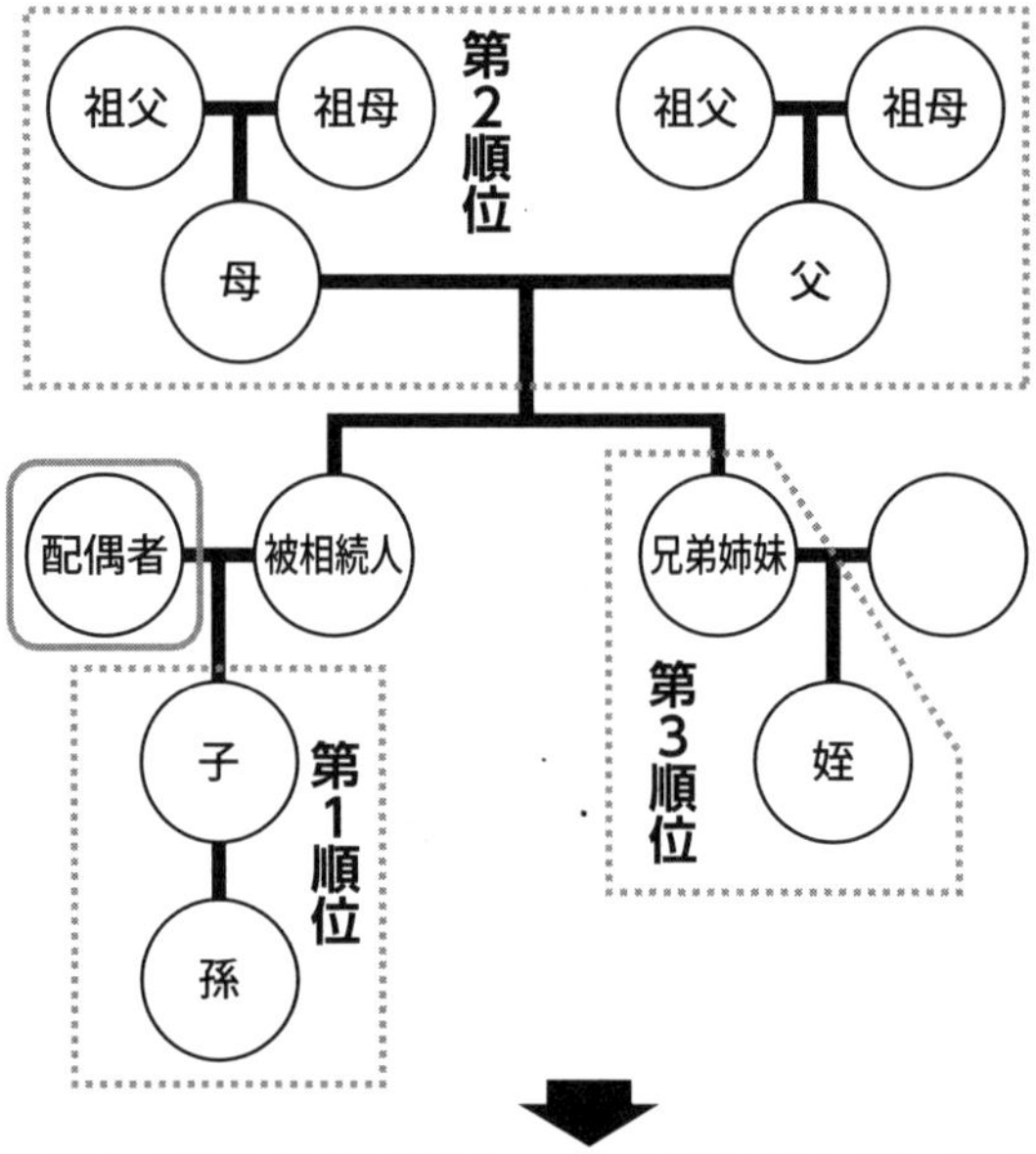

あなたの家系図を書いてみましょう。

2. どのような割合で遺産を受け取るのか

▼子どもが相続人になるケース

被相続人に子どもがいれば、**配偶者と子どもが相続人**になります。その場合の相続の割合（「法定相続分」といいます）は、**配偶者が2分の1、子どもが2分の1**となります。

子どもが複数いる場合には、その人数で按分することになります。例えば、相続人が、妻、長男、二男、長女の4人の場合には、妻が2分の1、長男、二男、長女の3人は6分の1（2分の1×3分の1）ずつとなります。

▼親が相続人になるケース

被相続人に子どもがいない場合には、**配偶者と親が相続人**になります。その場合の法定相続分は、**配偶者が3分の2、親が3分の1**となります。例えば、相続人が、妻、父、母の3人の場合には、妻が3分の2、両親は6分の1（3分の1×2分の1）ずつとなります。

▼兄弟姉妹が相続人になるケース

被相続人に子どもも親もいない場合には、**配偶者と兄弟姉妹が相続人**になります。その場合の法定相続分は、**配偶者が4分の3**、**兄弟姉妹が4分の1**となります。例えば、相続人が、妻、弟、妹の3人の場合には、妻が4分の3、弟、妹の2人は8分の1（4分の1×2分の1）ずつとなります。

なお、父母の一方のみを同じくする兄弟姉妹（「半血」の兄弟姉妹とも呼ばれています）の法定相続分は、父母の双方を同じくする兄弟姉妹の2分の1とされています。例えば、先の例のように相続人が妻、弟、妹であって妹が半血の場合には、妻4分の3、弟12分の2、妹12分の1となります。

▼子どもが親より先に亡くなっていたら

夫が被相続人で、相続人が、妻、長男、二男の3人のはずが、長男が夫より先に亡くなり、長男には子どもが2人いる場合には、長男の子どもである**孫2人が長男に代わって相続人になります**（これを「**代襲相続**」といいます）。

この場合の法定相続分は、妻が2分の1、二男が4分の1、長男の子どもである孫2人は8分の1ずつとなります。考え方としては、本来長男が受け取るはずであった4分の1を、長男の子どもである孫2人で分けるイメージです（図表3参照）。

図表２　**法定相続分の割合**

■ **配偶者と子が相続人の場合**

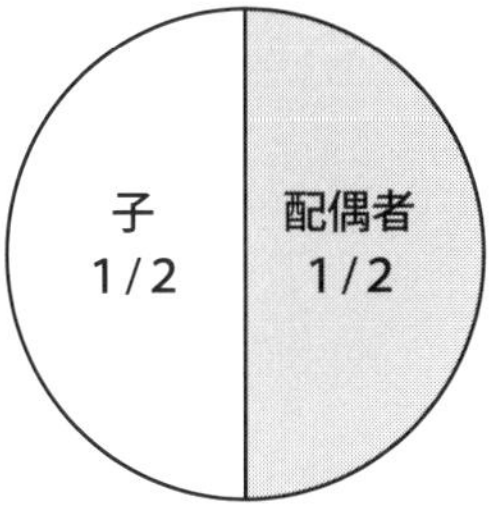

子が複数いる場合には
子の相続分１/２を均等分割します。

■ **配偶者と親が相続人の場合**

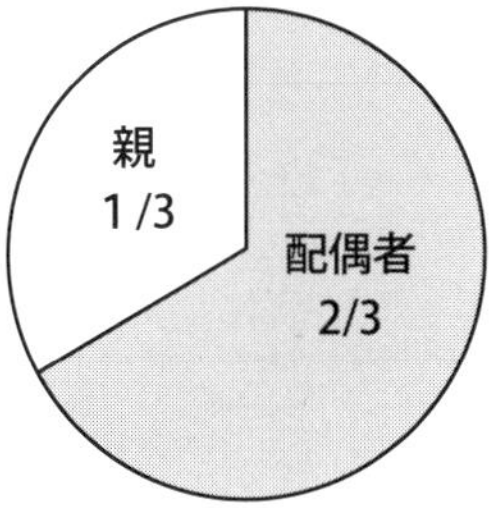

親が複数いる場合には
親の相続分１/３を均等分割します。

■ **配偶者と兄弟姉妹が相続人の場合**

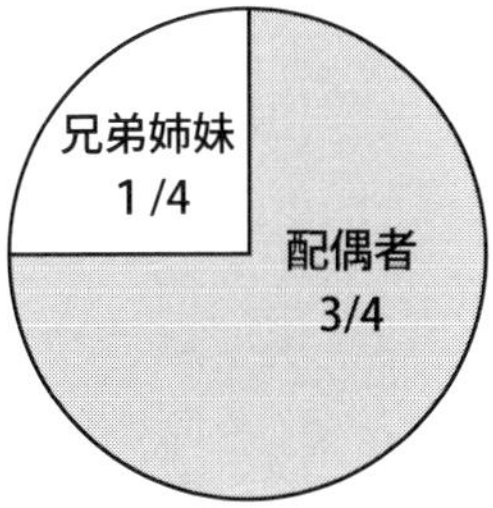

兄弟姉妹が複数いる場合には
兄弟姉妹の相続分１/４を均等分割します。

▼死亡の順番によって相続人が異なる

同じ家族構成で、夫が亡くなった後、遺産分割の話し合いをしている最中に長男が亡くなった場合には、長男の子どもである孫2人のみならず、長男の配偶者である嫁も、相続人になります。

1つ前のケースとの違いは、長男が夫より前に亡くなったのか、後に亡くなったのかの違いだけですが、相続人が1人増える（長男の配偶者である嫁も相続人になる）ことになります（図表3参照）。

亡くなる順番によって結論が異なるのは、夫が亡くなった時点で長男が一度相続分を相続したと考えるためです。そのため、長男に代わって孫が相続人になるのではなく、長男が一度相続した相続分を、長男の相続人間で分けることになり、長男の配偶者である嫁も相続人になります。この場合の法定相続分は、妻が2分の1、二男が4分の1、長男の配偶者である嫁が8分の1（4分の1×2分の1）、長男の子どもである孫2人は16分の1（4分の1×2分の1×2分の1）ずつとなります。本来長男が受け取るはずであった4分の1を、法定相続分に従って、嫁、子ども2人で分けるイメージです。

図表3　代襲相続

■ 代襲相続となるケース

例）被相続人である父より前に、長男が亡くなっています。

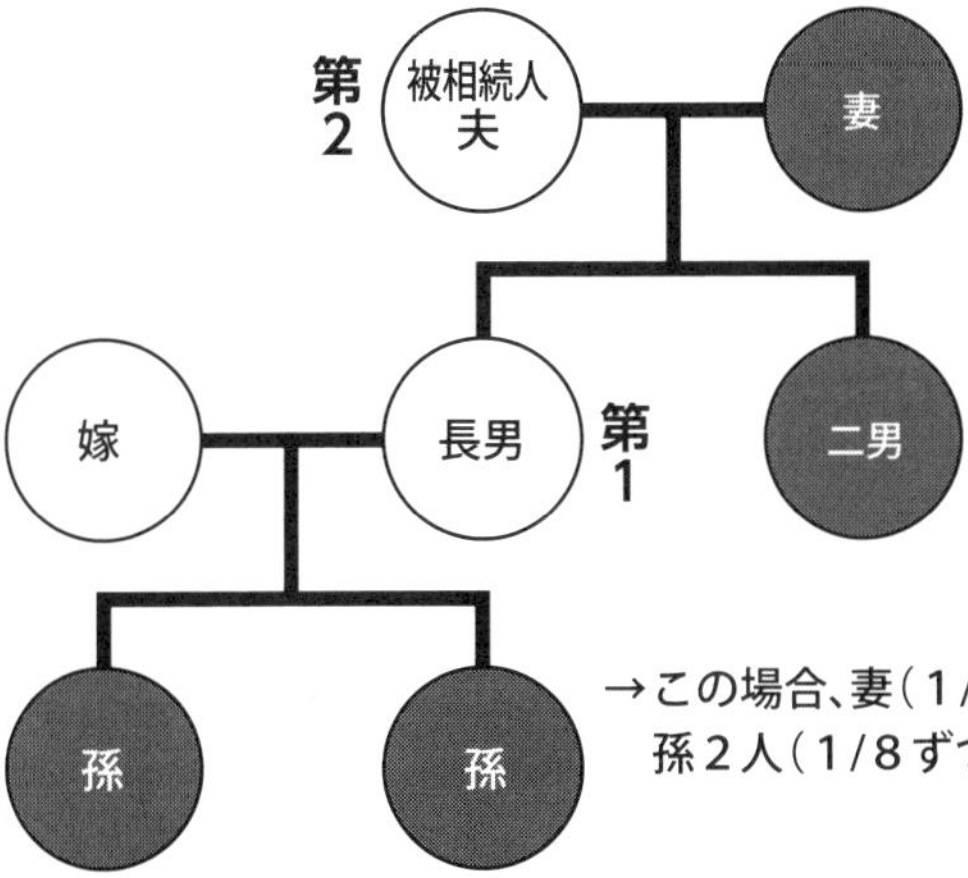

→この場合、妻（1/2）、二男（1/4）
孫2人（1/8ずつ）が相続人となります。

■ 代襲相続とならないケース

例）被相続人である父が亡くなり、未分割のうちに、長男が亡くなりました。

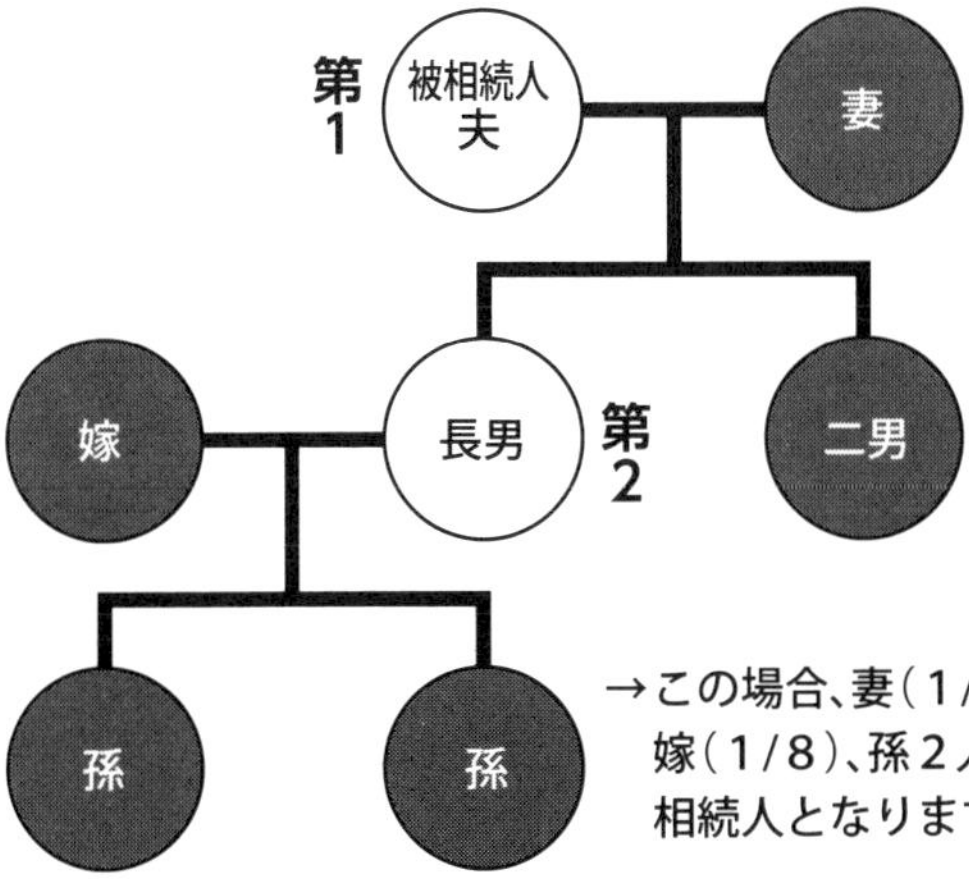

→この場合、妻（1/2）、二男（1/4）
嫁（1/8）、孫2人（1/16ずつ）が
相続人となります。

▼介護などの貢献は考慮される可能性がある（寄与分）

ここまで法定相続分について説明してきましたが、相続人の中で、**被相続人の介護などの貢献をした方**がいる場合には、法定相続分の割合が修正されたり、遺産から一定の金銭を先取りできる可能性があります。このように、被相続人の財産の維持または増加に一定の貢献をした相続人が遺産から優先的に分配を受けることができる制度を「**寄与分**」といいます。

この「寄与分」には、介護した場合のほか、例えば、家業を手伝っていたケース、長年にわたり親の生活費を援助していたケースなどが挙げられます。

また、平成30年の民法（相続法）改正により、相続人以外の者の貢献も考慮されることになりました。例えば、お嫁さんなど相続人の配偶者が、被相続人の遺産の維持または増加に寄与しても、相続人の配偶者は遺産分割に参加できないため、寄与分を主張したり、何らかの財産の分配を主張することができず、不公平でした。

そのような状況を是正するために、今回の法改正では、「**特別の寄与**」という制度を新設し、相続人以外で特別の貢献をした者が、相続人に対して金銭を請求することができるようになりました（民法（相続法）改正の詳細は第3章で説明しています）。

3. 遺産とは何か

▼遺産とは何か

遺産とは、**被相続人が亡くなった時点**（相続開始時）で有していた、**あらゆる財産**のことをいいます。

不動産、預貯金、現金、有価証券、自動車などといったプラスの財産（「**積極財産**」といいます）だけではなく、マイナスの財産（「**消極財産**」といいます）も遺産に含まれます。

具体的には、住宅ローン、事業用ローンといった金融機関からの借入金、税金、公共料金、治療費、クレジットカードなどの未払金も、消極財産として遺産に含まれることになります（図表４参照）。

図表4 相続財産

プラス財産

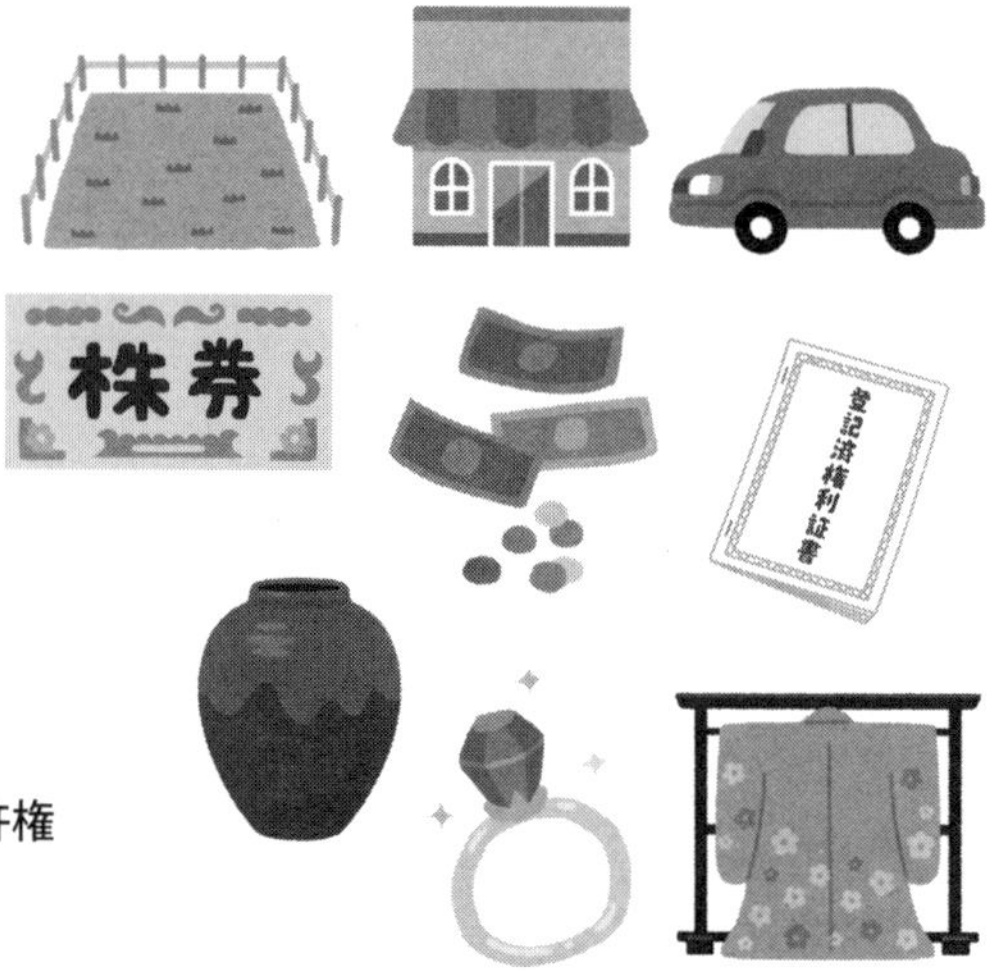

・宅地、畑、山林など
・戸建住宅、マンション、
店舗、駐車場など
・借地権、借家権、地上権など
・自動車や貴金属などの
家庭用財産
・株式などの有価証券
・現金、預貯金などの金銭
・什器備品、ゴルフ会員権、特許権

など

マイナス財産

・借金、ローンなどの債務
・家賃の滞納、未払いの税金
・連帯債務や（連帯）保証債務

など

▼生前に贈与を受けた財産も遺産に計上される（特別受益）

生活費、マンションや自動車の購入資金、子どもの学費などを、親から援助してもらった人も少なからずいらっしゃると思います。これらの生前に贈与を受けた財産は、「特別受益」として、計算の上では遺産に含まれることになるので注意が必要です。

「特別受益」とは、生前に贈与を受けた財産の価値を、遺産に加えて計算する制度です。被相続人が亡くなった時点で残っている財産を、法定相続分に従って形式的に分けてしまうと、生前に贈与を受けていた相続人は、他の相続人より、その生前に贈与を受けた財産の価値の分だけ多くの財産をもらうことになってしまいます。その不公平を是正するために、生前に贈与を受けた財産の価値を加えて遺産の総額を計算し、被相続人が亡くなった時に、生前に贈与を受けた人はその財産の価値を差し引いた財産を取得するという仕組みとなっています（図表5参照）。

この「特別受益」の制度は、生前に受けた贈与を受けた財産の価値を加えて遺産の総額を計算することで、相続人間の不公平を是正するためのものですが、それゆえに、相続人間で「もらった」、「もらっていない」といった争いになることが極めて多いのが現実です。

図表5

生前贈与の具体例

父は4,200万円の財産を残して亡くなりました。父の相続人として、妻、長男、二男、長女がいます。

父は長男に営業資金として400万円、二男に自動車購入資本として200万円を生前に贈与しています。

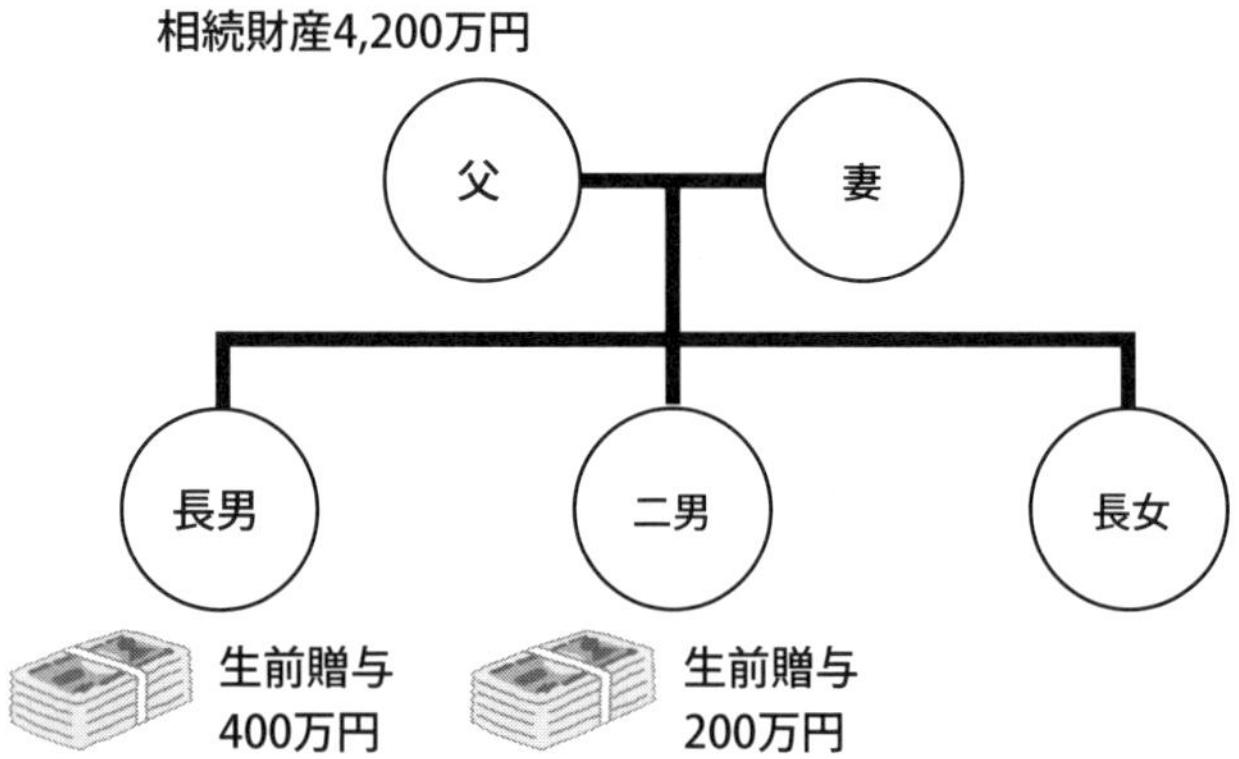

→この場合の相続人の相続分は次のとおりとなります。

①みなし相続財産

4,200万円＋400万円+200万円＝4,800万円

②各相続人の相続分を乗じた額

妻：4,800万円× 1 / 2 ＝2,400万円

長男、二男、長女：4,800万円× 1 / 2 × 1 / 3 ＝800万円

③具体的な相続分

妻　：2,400万円

長男：800万円－400万円＝400万円

二男：800万円－200万円＝600万円

長女：800万円

▼生命保険金・死亡退職金は遺産には含まれない

将来に備えて生命保険に加入している人も少なくないかと思います。生命保険は、保険会社との間の契約であり、被保険者（通常は契約者と同じです）の死亡によって、受取人に保険金が支払われることになります。例えば、夫が契約者兼被保険者の生命保険であれば、妻か子どものうち誰か1人が受取人として指定されているケースが一般的です。

この受取人が指定された**生命保険金は、原則として受取人固有の財産となり、遺産には含まれません。**同様に、勤務先から支払われる死亡退職金も、遺産には含まれません。

そう言われてもピンとこないかと思いますが、「遺産に含まれない＝遺産分割の対象とならない」との意味であり、相続人間で分ける必要がなく、受取人が全額受け取ることができます。例えば、長男が受取人として指定されている場合には、他の兄弟姉妹に1円も渡す必要がないのです。

これが生命保険の特徴であり、後述する相続対策で、生命保険は重要な役割を果たすことになります。

4. 遺産をどのように分割するか

▼遺産の分割方法の種類

相続人、各人の相続分が分かり、どこまでが遺産の範囲となるのかも分かりました。では、実際問題として、遺産をどのように分割すればいいのでしょうか。

遺産分割の方法は、**①現物分割**、**②換価分割**、**③代償分割**の3種類があり、相続人間の合意があれば、**いずれの方法で分割しても、複数の方法を併用しても構いません。**

①現物分割

現物分割は、最もシンプルな分け方であり、**そのままの状態で分けること**をいいます。例えば、遺産として、3000万円相当の土地と預貯金3000万円があった場合に、長男が土地を受け取り、二男が預貯金を受け取るといった分け方です。

②換価分割

換価分割は、遺産を売ってお金に換えて、**お金で分けること**をいいます。例えば、遺産がマンションの一室である場合のように、そのままの状態では分けることができないケースで用いられます。

③代償分割

代償分割は、相続人の1人がある遺産を単独で引き継ぐ代わりに、**他の相続人に対価を支払う分け方**をいいます。例えば、遺産である実家に住んでいる長男が、実家に住み続けたい場合に、他の相続人である二男と三男に、実家の価値に両名の法定相続分を乗じたお金を支払うことで、長男は実家を引き継ぎ、住み続けることができます。

▼遺産を共有状態とすることもできる

遺産分割は、その文字どおり遺産を分ける手続きですが、分けて各遺産を単独所有とせずに、共有状態とすることもできます。例えば、実家の土地建物を、兄弟3人で、3分の1ずつの割合で共有することができます。

共有状態とする一番の理由は、**相続人間で分割方法を協議する必要がない**ことです。例えば、相続人全員が実家の土地建物の取得を希望している場合のように、話し合っても結論が出そうにない場合、話し合うとトラブルになってしまいそうな場合には、暫定的な措置として共有状態とすることが多いです。

しかしながら、この相続人間での共有は、一般的にはおすすめできない分割方法です。その最も大きな理由は、共有とした場合には、**他の共有者の同意がないと、売ったり、建て替えたり、ローンなどを組む時に担保に入れるなどができない**からです。仲の良い兄弟姉妹であっても、時が流れるにつれ、ライフスタイルも考え方も変わってきます。数十年後も、兄弟姉妹の意見がぴったりと一致し、スムーズに不動産を処分できる可能性がどれほど低いものか、想像するのはそう難しくはないでしょう。

5. 遺産に対して支払わなければならない税金

▼相続税とは何か

相続が発生した場合、原則、相続税を支払わなければなりません。相続税とは、亡くなった方（被相続人）の遺産を相続で受け継いだ場合や、遺言によって遺産を受け継いだ場合に、国に払う必要がある税金のことです。

しかし、**すべての人が払うわけではありません。**一定額以上の遺産がある場合にのみ課税対象となる税金です。実際に、毎年、全国で亡くなった方のうち相続税の課税対象になった人の割合は、おおむね8％といわれています（国税庁ホームページより）。

相続税の課税対象となるかどうかでポイントになるのが、相続税の基礎控除です。

▼遺産総額が基礎控除額以下なら税金は課されない

相続税の基礎控除額とは、誰が亡くなったとしても無条件で控除される一定の金額のことです。

亡くなった方が保有していた遺産が、この基礎控除額より少ない場合には相続税を課税しないというボーダーラインになります。

この基礎控除額は、**3000万円＋（600万円×法定相続人の数）**で計算されます。

▼税法上の法定相続人の計算に注意

基礎控除額を計算するときには、法定相続人の数が関係します。

法定相続人の数とは、原則として相続人の人数のことを指しますが、相続人の中に相続を放棄した人がいても、その放棄した人の人数を含めて計算します。一方、放棄により新たに相続人になった人がいたとしても、この新たな相続人は法定相続人の数には含めません。例えば、夫が亡くなり、妻と子ども1人が残された場合に、法定相続人は2人です。この場合に子どもが相続を放棄して、亡くなった夫の両親が法定相続人になったとしても、基礎控除額を計算するときには、法定相続人は3人ではなく2人として計算します。

また、法定相続人の人数と実際に財産を受け取った相続人などの人数は関係ありません。相続税の基礎控除の計算に使う相続人の人数は、税法で決められた法定相続人の人数です。例えば、相続人の1人が遺産を全部受け取ったとしても、法定相続人が3人であれば基礎控除額は3人を基礎として計算します。

▼法定相続人が養子の場合の税法上の注意点

養子縁組が行われている場合、民法上は養子縁組をしたすべての養子が法定相続人となります。一方で、**税法上では、相続税の節税目的での養子縁組を防止するために、法定相続人の人数に含めることができる養子の人数を制限しています。**

実の子どもがいない場合は、養子は2人まで法定相続人の数に含めることができますが、実の子どもがいる場合は養子を1人までしか法定相続人の数に含めることができません。例えば、夫が亡くなり妻と実子2人、養子2人が残されたとしても、相続税法上は、法定相続人は5人ではなく4人として計算されることになります。

このように、民法上の養子が何人いたとしても、相続税を計算する上ではこのルールに従って法定相続人の数を計算しますので、ご注意ください。

▼相続税を計算するための遺産総額の注意点

遺産の総額は、前述のとおり、「亡くなった方が所有していた財産」を、「亡くなった日の時点」で「換金」したらいくらかということが、計算する際の基本的な考え方です。

しかし、遺産の総額を計算する上では、主に①**マイナスの財産**と、②**生命保険金と死亡退職金**については注意が必要です。

①死亡後に支払った債務や葬式費用はマイナスの財産

遺産の総額を計算する上で、死亡後に相続人が支払った債務（亡くなった方に関する費用）や葬式費用については、「マイナスの財産」として、遺産総額から差し引いた後で、基礎控除額との比較を行います。

②生命保険金や死亡退職金は相続税の対象となる

前述のとおり、亡くなった方にかかっていた生命保険金や、死亡により勤務先などから遺族が受け取った退職金については、遺産分割の対象にはなりません。

しかし、相続税の計算上は課税の対象となります。

ただし、これらの**生命保険金や死亡退職金については、それぞれ、相続税の計算上、税金のかからない非課税限度額（５００万円×法定相続人の数）が設けられています**。例えば、法定相続人が妻と長男、二男の場合には、相続人が受け取る生命保険金のうち１５００万円（５００万円×３人）までは相続税は課税されません。

なお、この非課税限度額は前述した基礎控除額とは別枠になります。生命保険金など受け取った場合に相続税がかかるかどうかは、非課税限度額を控除した後の保険金などと、亡くなった方が保有していた財産（遺産の総額）の合計金額が、基礎控除額を超えるかどうかで判定します。

例えば、亡くなった方の遺産の総額が５０００万円、生命保険金が２０００万円、死亡退職金が１０００万円、法定相続人が妻と長男、二男の３人の場合、基礎控除額は、３０００万円＋（６００万円×３人）で４８００万円、生命保険金と死亡退職金のそれぞれの非課税限度額は５００万円×３人で１５００万円となります。よって、遺産の総額５０００万円と生命保険金の非課税限度額を超えた５００万円との合計金額５５００万円から、基礎控除額の４８００万円を差し引いた７００万円が相続税の課税対象となります。

法定相続人	3人
遺産総額	5,000万円
生命保険金	2,000万円
死亡退職金	1,000万円

↓

●基礎控除額
3,000万円＋(600万円×3人)＝4,800万円
●非課税限度額
500万円×３人＝1,500万円

↓

生命保険金		非課税限度額		
2,000万円	−	1,500万円	＝	500万円（課税対象）

死亡退職金		非課税限度額		
1,000万円	−	1,500万円	➡	課税なし

↓

遺産総額		生命保険金		
5,000万円	＋	500万円	＝	5,500万円

		基礎控除		課税対象
5,500万円	−	4,800万円	＝	700万円

6. 相続税はおおよそいくら払うことになるのか

▼相続税の計算の流れ

ここまでの説明から、相続が発生した時には、遺産や生命保険金などに対して基礎控除額を除いた金額に対して相続税を支払わなければならないことが分かりました。

では、具体的にはいくらくらいを支払うことになるのでしょうか。

相続税は、各相続人が相続した財産額に税率をかけて算出するわけではありません。個々の**相続した財産額ではなく、「相続税の総額」が基準となり、その総額を各相続人が実際に財産を取得した割合に応じて負担する**ことになります。流れは次のとおりです。

①遺産総額から基礎控除額を差し引き、**課税遺産総額**を計算する
②法定相続分に基づく各人の**仮の相続税額**を計算する
③仮の相続税額を合計して、「**相続税額の総額**」を求める
④遺産を取得した人の**実際の遺産取得割合**をかけて納付税額を計算する

つまり各相続人が支払う相続税額は、相続税の総額をまず算出してから、その総額を実際に遺産を取得した割合で按分することで求められます。

▼「相続税の総額」の具体的な計算方法

それでは、相続税の総額が具体的にどのように計算されるかを説明していきます。

まず、各相続人が課税遺産総額について法定相続分を受け取ると仮定して、各相続人について課税遺産総額に法定相続分をかけた取得金額を計算します。次にその取得金額に10％～55％の税率をかけた算出税額から税率に応じた控除額を差し引き（図表6参照）、各相続人の仮の相続税額を算出します。各相続人の仮の相続税額を合算したものが、相続税の総額となります（図表7参照）。

例えば、基礎控除額を差し引いた課税遺産総額が８０００万円、法定相続人が妻、子ども２人の場合、法定相続分は妻2分の1、子どもは4分の1ずつとなり、妻は４０００万円、子どもは２０００万円ずつとなります。よって、税率と控除額は図表6より、妻は税率20％で控除額は２００万円、子どもは15％で控除額は50万円となります。よって、各人の仮の相続税額は妻６００万円、子ども２５０万円ずつとなり、相続税の総額は１１００万円（６００万円＋２５０万円＋２５０万円）となります。

図表6　相続税の速算表（税率および控除額）

法定相続分に応じた取得金額	税率	控除額（万円）
1,000 万円以下	10%	—
1,000 万円超　3,000 万円以下	15%	50
3,000 万円超　5,000 万円以下	20%	200
5,000 万円超　1 億円以下	30%	700
1 億円超　2 億円以下	40%	1,700
2 億円超　3 億円以下	45%	2,700
3 億円超　6 億円以下	50%	4,200
6 億円超	55%	7,200

図表7　相続税の総額

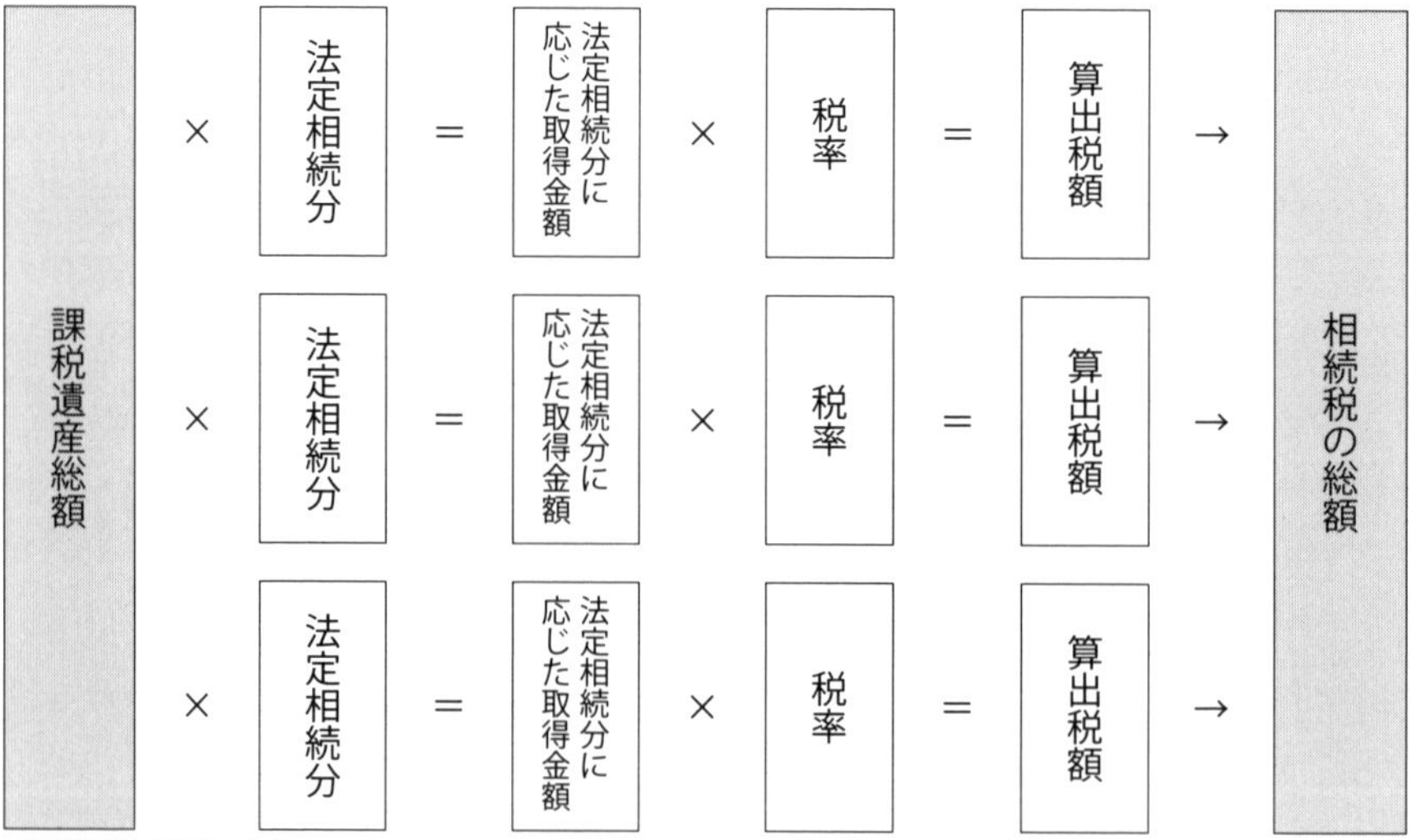

※法定相続人が３人のとき

▼各相続人の実際の納付税額を計算する

各相続人が実際に負担する納付税額は、相続税の総額に各相続人が実際に遺産を取得する割合をかけて計算します。各相続人の実際の遺産取得割合は、各相続人が取得した財産の課税価格を課税価格の合計額で割ったものとなります（図表8参照）。

例えば、先の例のとおり、相続税の総額が1100万円であり、実際にも法定相続分どおりに遺産分割した場合には、1100万円を法定相続分で分けることになります。この場合、妻は1100万円の2分の1である550万円、子どもはそれぞれ1100万円の4分の1である275万円となります。

なお、その他にも税額控除が適用されて、税額が下がることがあります。

例えば「配偶者の税額軽減の特例」など、税額控除が適用できる場合には一定額が納付する相続税額から差し引きます。「配偶者の税額軽減の特例」は、配偶者が相続した遺産のうち、配偶者の法定相続分（子どもがいる場合は1／2）と1億6000万円のいずれか多い金額まで、相続税が課税されないように税額控除を認める特例となります。また、亡くなった方の配偶者および1親等内の血族（親・子ども（子どもが先に死亡している場合の孫（代襲相続人）を含む））以外の人や、養子となった孫が遺産を相続した場合には、その人が納付する相続税額は通常の2割増となるなど、

図表8　**各人の実際の税額**

相続税の総額	×	実際の遺産取得割合	＝	各人の税額	→	税額控除の適用	→	**納付税額**
相続税の総額	×	実際の遺産取得割合	＝	各人の税額	→	税額控除の適用	→	**納付税額**
相続税の総額	×	実際の遺産取得割合	＝	各人の税額	→	税額控除の適用	→	**納付税額**

実際の相続税額の計算は複雑になりますので注意が必要です。

相続税の申告

以上のとおり、相続税とはどういうもので、どのように計算されるかが分かったと思います。**遺産の総額が相続税の基礎控除額を超えた場合には、基本的に相続税を支払わなければなりません。**つまり、相続税の申告が必要になります。

ここで注意したいのが、相続税の申告と納付の期限です。

相続税の申告と納税の期限は、財産を持っている人が亡くなったことを知った日（一般的には**死亡の日）の翌日から10カ月以内**です。世間では葬儀や法事が完了したあたりから動き始める方が多いですが、大事な人が亡くなり、精神的につらい上に、しなければならない手続きが多く、あっという間に期限がきてしまいます。亡くなった後でスムーズに手続きを進められるよう、生前から準備をしておきましょう。

平成27年から相続税を支払う人が増えた

相続税の基礎控除は、平成27年に大きな税制改正があり、大幅に引き下げられました。

平成27年12月31日までに亡くなった方までは、「**5000万円**＋**1000万円**×法定相続人の数」

という算式で計算されていました。しかし、平成27年1月1日以降に亡くなった方については、前述したとおり「**3000万円＋600万円**×法定相続人の数」という算式に変更になり、基礎控除が4割も削減されました。

つまり、相続税を支払わなければならない人が増えたということです。

相続税の基礎控除が引き下げられたことによって、相続税の課税対象者の割合は、改正前（平成26年）は4・4％でしたが、改正後（平成27年）は8・0％まで上昇しました。その後は、毎年8％台をキープしています。

例えば、夫が亡くなって、妻と長男、二男が法定相続人の場合、改正前なら8000万円まで基礎控除がありましたが、改正後は4800万円しかありません。東京をはじめとする都市圏に戸建のマイホームがある家庭の場合、土地の評価額が高くなりやすいため、課税対象になる可能性は高くなります。相続財産がマイホームと預金しかないような一般のサラリーマン家庭でも、相続税の課税対象となるケースがあり、**もはや相続税は「お金持ちだけの税金」ではなくなっています**。思わぬ相続税がかかってしまい、納税ができないなどということがないためにも、**生前から相続税がかかるかどうかについては、税理士などの専門家に相談しておくといいでしょう。**

7. 何も準備をしなくても、問題ないか

▼不安があれば備えが必要

これまで説明してきました相続の知識を踏まえて、あなたのケースに当てはめてみましょう。大切な人が亡くなった場合、誰が相続人になるでしょうか。また、どのような遺産を、どのように分割することになるでしょうか。そして、相続税がどれくらいかかるかおおよその目途はついたでしょうか。

いまのままで「何も準備をしなかった場合の相続」が100パーセント満足できるものであれば、第2章を読み飛ばして第3章以降に読み進めてください。

第2章では、**このままでは、相続人間でもめてしまうかもしれない、相続税を支払えないかも知れない、自身の取り分が少なく不満が残る**…という方を対象に、大切な方が亡くなる前にしておくといいことについて説明します。

第2章

大切な人が亡くなる前にしておくこと

～相続に向けての事前行動

1. 将来の相続において、何を優先したいか

▼正解のない「相続対策」

相続対策には、万人に当てはまる「正解」はありません。それは、どのような相続を望むか、何を優先するかによって、事前に準備するべき相続対策の内容が変わってくるためです。

「相続人との間で、もめ事だけは避けたい」という人は、他の相続人から不満が出ないような方法を検討することになります。「すべての遺産を引き継ぎたい」という人は、自身の取り分を最大化することのできる方法を検討することになります。

「なるべく多くの遺産を引き継ぎたいし、もめ事も避けたい」、「自分が住んでいる実家の土地建物だけは手放したくない」、「なるべく相続税を支払いたくない」、「生前に財産を処分してしまいたい」など、望む相続のあり方、優先順位は人それぞれです。

まずは自身が**どのような相続を望み、何を優先するのかを具体的にイメージしてみてください。**

2. できることとできないこと

▼相続対策の主役は亡くなる方

あらゆる相続対策は、被相続人（つまり、亡くなる方）の意思によって行われます。難しい言い方をしましたが、これは考えてみれば当然のことです。なぜなら、遺産は、被相続人が亡くなるその瞬間まで、被相続人のものであり、遺産をどのように処分しようと、それは被相続人の自由です。私たちが自分のお金で、好きな洋服を買ったり、アイドルのコンサートに行ったり、親戚の子どもにお年玉をあげたりするのが自由であるのとまったく同じことです。

そのため、被相続人が望むのであれば、すべての財産を愛人に贈与しようと、自宅を売却してその売却代金を慈善団体に寄付しようと、はたまた生前にすべての財産をギャンブルで使い切ってしまおうと、それらはすべて自由なのです。

その意味で、**被相続人の意思に反する相続対策はできません**。例えば、被相続人が長男にすべての財産を相続させる意思を持っているのに、その意思に反して、二男がすべての財産を相続するような相続対策は取りようがありません。

3. 残された人のための最低保証（遺留分）

▼相続人には最低限度の取り分が保障されている

では、父親が長男にすべての財産を引き継がせようとした場合、他の兄弟姉妹は1円ももらえないのでしょうか。

他の兄弟姉妹としては、あまりに不公平であると感じるでしょうし、父親の遺産をあてにして将来設計を考えていた場合もあるでしょう。

民法は、**被相続人の意思を尊重する一方で、相続人に最低限度の取り分**（これを「遺留分」といいます）**を保障することでバランスを取っています。**

例えば、父親が長男にすべての財産を相続させようとして遺言を書いた場合、一次的には長男がすべての財産を相続することになります。しかし、他の兄弟姉妹は、遺留分の侵害を主張して、長男に対し、最低限度の取り分である遺留分に相当する金銭の支払いを求めることができます。

▼遺留分とは何か

遺留分とは、法律上保障されている最低限度の取り分であり、遺言などによって自身の遺留分を侵害された相続人には**遺留分侵害額請求権**という権利が認められています。

そのため、遺留分を侵害された相続人は、遺産を多く受け取ることで遺留分を侵害した者に対し、遺留分に相当する金銭の支払いを求めることができます。

そして、最低限度の取り分である**遺留分は、本来の取り分である法定相続分の2分の1**（直系尊属のみが相続人の場合には3分の1、兄弟姉妹のみが相続人の場合には遺留分なし）とされています（図表9参照）。

例えば、父親が亡くなり、法定相続人が長男、二男、三男の3人で、長男にすべての遺産を相続させるとの遺言がある場合には、二男と三男には、法定相続分（3分の1）の2分の1である6分の1の割合の遺留分が保障され、長男に対し、遺産全体の6分の1に相当する金銭を支払うよう請求することができます。

▼遺留分の算定方法

遺留分算定の基礎となる財産は、相続開始時に存在する財産に、被相続人が相続開始1年前までに贈与した財産（なお、それ以前の贈与であっても、相続人に対する贈与は、相続開始10年前までになされたものが含まれます）を加え、そこから相続債務を引いたものです。

例えば、遺産が6000万円あり、相続人に対して生前に2000万円贈与されていて、相続債務が500万円ある場合には、遺留分算定の基礎となる財産は、7500万円（6000万円＋2000万円－500万円）となり、遺留分を侵害された相続人は、7500万円に遺留分割合を乗じた額の金銭の支払いを求めることができます。

▼遺留分侵害額請求権は行使しないこともできる

遺留分侵害額請求権は権利ですので、権利を行使しないで放棄することもできます。

権利を行使しないで放棄することなどあり得

図表9　法定相続分と遺留分の割合

	相続人の範囲	法定相続分の割合	遺留分の割合
①	配偶者のみ	すべて	1/ 2まで
②	子のみ	すべて	1/ 2まで
③	配偶者と子	配偶者1/ 2 子1/ 2	1/ 2まで （配偶者1/ 4、子1/ 4）
④	配偶者と 直系尊属（父母、祖父母）	配偶者2/ 3 直系尊属1/ 3	1/ 2まで （配偶者1/ 3、直系尊属1/ 6）
⑤	配偶者と兄弟姉妹	配偶者3/ 4 兄弟姉妹1/ 4	1/ 2まで （配偶者1/ 2、兄弟姉妹なし）
⑥	直系尊属のみ	すべて	1/ 3まで
⑦	兄弟姉妹のみ	すべて	遺留分の保障なし

図表10　遺留分侵害額請求の具体例

父は、6,500万円の財産を残して亡くなりました。父の相続人として、長男、二男、三男がいます。

父は、長男にマンション購入資金として1,000万円を生前贈与しています。

父が亡くなり、長男にすべての遺産が相続させるとの遺言があります。

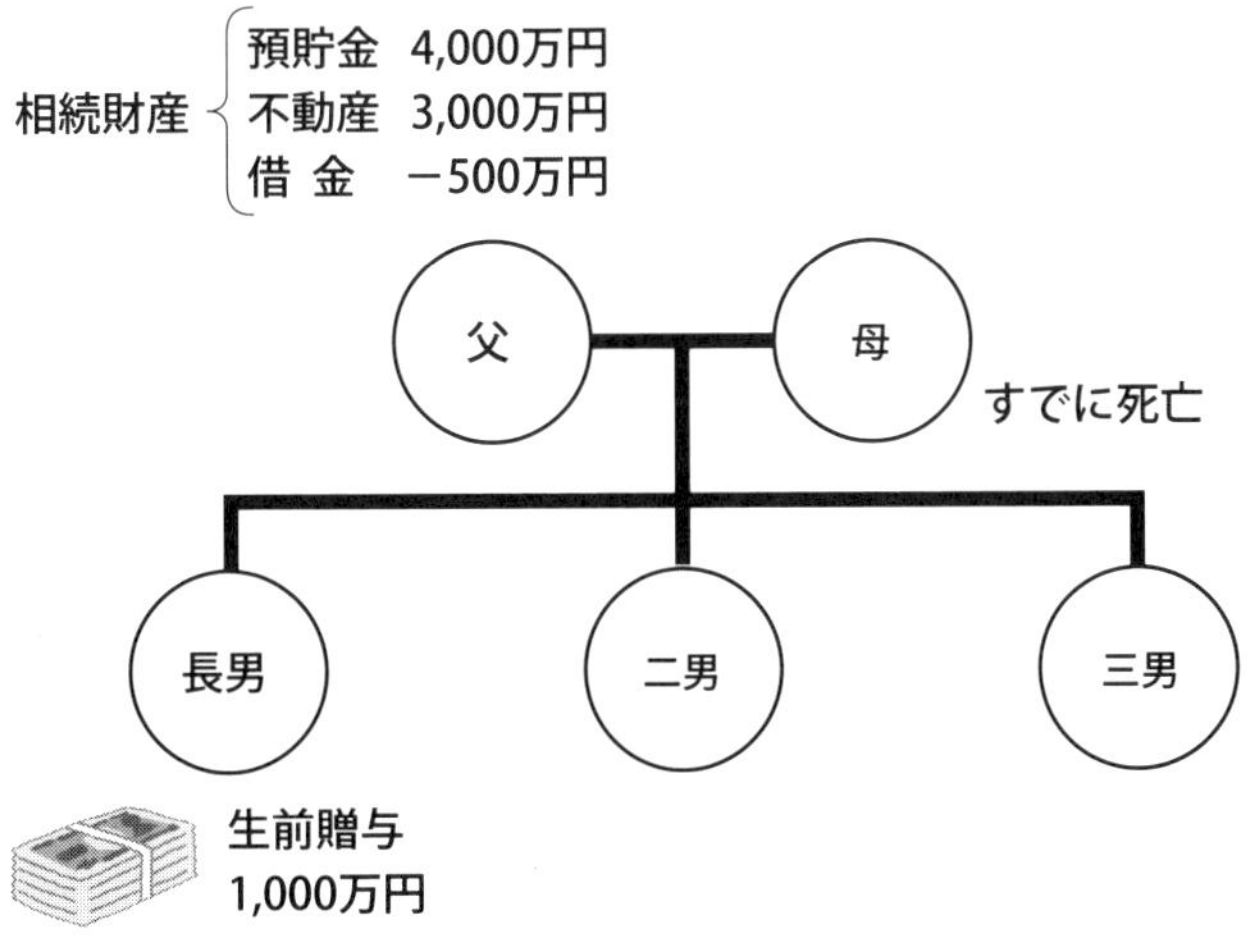

→この場合の相続の相続分は以下のとおりとなります。

①遺留分算定の基礎となる財産

遺産（4,000万円＋3,000万円＝7,000万円）＋贈与（1,000万円）
－相続債務（500万円）＝7,500万円

②遺留分の金額

二男、三男の遺留分の割合は１/６
二男、三男の遺留分の金額：7,500万円×１/６＝1,250万円

よって、二男と三男は、**遺留分**として**1,250万円ずつ**長男に請求することができます。

るのか疑問に感じる方もいらっしゃるとは思いますが、実際には、相続人間の人間関係などを考慮して、遺留分侵害額請求権を行使しないで放棄するケースは少なくありません。

また、家庭裁判所の許可を得れば、被相続人が亡くなる前に、遺留分を事前に放棄することも認められています。

▼遺留分侵害額請求権の時効

遺留分侵害額請求権は、**遺留分が侵害されたことを知った時から1年、もしくは、相続開始時から10年を経過すると、権利が消滅**し、請求することができなくなります。

もっとも、これは知った時から1年（もしくは、相続開始時から10年）以内に、権利を行使しないと消滅しますとの規定であり、その期間内に解決しなければならない（実際に、金銭を受け取らなくてはならない）との意味ではありませんので、ご注意ください。

４．遺言を作りましょう

▼遺言は最も効果的な相続対策

遺言といいますと、亡くなる直前に言う「言葉」のように思えますが、**法律上の「遺言」は、被相続人の意思が記載された書面をいいます。**思いや残される方へのメッセージが中心ではなく（思いやメッセージが中心となるものは「遺書」と呼ばれることが多いようです）、主に自身の財産の分け方などの法的効果を意識して書くものになります。

そして、遺言には財産の分け方に関するあらゆる希望を書くことができます。


「すべての財産を長男に相続させる」

「自宅は長男に、預貯金は長女に相続させる」

「すべての不動産を売却してから、売却代金を兄弟４人で分けなさい」

「財産のすべてを菩提寺に寄進する」

などなど。

遺言は、遺言を書く方（「遺言者」といいます）の意思がダイレクトに反映される最も効果的な相続対策であり、**相続対策をするに当たって遺言を書かないという選択肢はない**と言っても過言ではないほどに重要なものです。

▼15歳から遺言を書くことができる

遺言は、15歳以上であれば、誰でも書くことができます。

もちろん普通の高校生が遺言を書く必要性はそこまで高くはないとは思いますが、年齢に関係なく、財産をお持ちの方であれば遺言を書くメリットはあります。

統計はありませんが、弁護士に遺言の作成を依頼する人は、必ずしも高齢の方ではなく、年齢に関係なく、遺言を書かないとならない状況にある方が多いように感じます。

換言すると、**遺言を書かないと、財産を引き継がせたくない人が法定相続人になってしまう、法定相続分のままでは残された人が困ってしまう**などの状況にある人です。

例えば、子どもがいない夫婦で、夫が亡くなった場合には、遺言を書いておかないと、両親にも3分の1の財産が渡ってしまいます。このようなケースでは、妻の生活を確実に守るためには、夫は妻にすべての財産を相続させる旨の遺言を書いておく必要があります。

なお、一般的に、弁護士に遺言の作成を依頼する場合の料金は、10万円～30万円程度です。おおたか総合法律事務所では10万円でお引き受けしています。

▼遺言の書き方

遺言では、基本的に、「**〈財産〉を〈誰〉に相続させる**」もしくは「**〈財産〉を〈誰〉に遺贈する**」という書き方をします。

この「相続させる」と「遺贈する」の違いですが、遺言によって財産を受け取る人（この人のことを「受遺者」といいます）が、法定相続人である場合には「相続させる」を使い、法定相続人以外の第三者である場合には「遺贈する」を使います。

例えば、受遺者が長男の場合には「相続させる」（「すべての財産を長男鈴木一郎に相続させる」）と書き、受遺者がお世話になった病院の場合には「遺贈する」（「すべての財産を○○病院に遺贈する」）と書きます。

財産は、「すべての財産」というように包括的に特定しても、財産ごとに1つひとつ特定しても構いません。

また、すべての財産を1人に相続させても、財産毎に違う人に相続させても、割合的に相続させても構いません。

▼遺言には付言をつけることができる

遺言の本文では、誰にどの財産を相続させるかを書くことになります。そして、この本文とは別に「付言」といって、**残される方に対するメッセージをつけることができます。**

よくある付言としては、このような遺言を作成した経緯の説明、お世話になった方に対するメッセージ、葬儀・埋葬の方法などを書くことが多いです。

▼遺言を書く際に気をつけるべきこと

少し前で説明したように、遺言者は自身の財産を自由に処分することができ、どのような内容の遺言であっても自由に書くことができます。

しかしながら、その一方で、遺言によって遺産を受け取る受遺者には、遺留分という一定の制限がかかります（52頁参照）。この遺留分を考慮せずに遺言を書いてしまうと、相続人間の紛争を誘発することにもなりかねません。

弁護士としては、できれば**遺留分を侵害しない内容の遺言を書くことをおすすめします。**

▼遺言執行者を指定すると便利

遺言では、「遺言執行者」を指定することができます。この**「遺言執行者」とは、遺言の内容を実現（執行）する人であり、具体的には、預貯金の解約・払い戻し、不動産の名義変更、貸金庫の開扉などをする**ことになります。

遺言執行者には受遺者もなることができ、例えば長男にすべての財産を相続させる旨の遺言の場合には、長男自身を遺言執行者に指定することが多いです。

遺言執行者の指定がなされていない場合には、改めて家庭裁判所で遺言執行者を選任してもらう必要がありますので、あらかじめ指定しておいた方が便利です。

▼2種類の遺言

遺言には、「**自筆証書遺言**」と「**公正証書遺言**」の2つの種類があります（法律上は「秘密証書遺言」というものもありますが、実務上はあまり使用されていないので、説明は省略します）。

2つの遺言の違いは、自分で書いて作成するか、公証役場において公証人に書いてもらうかの違いです。

▼自筆証書遺言の作り方

自筆証書遺言は、自分で作成する遺言です。

民法により定められた主な要件は、次の5点です。

①遺言の全文が自筆で書かれていること

これは、文字どおり**自らの手で書く必要があって、他人による代筆も、パソコンなどの機械の使用も認められていません。**

なお、平成30年の相続法改正により、自筆証書遺言に添付する財産目録に限っては、パソコンなどの機械の使用、遺言者以外の者が作成した財産目録の添付が許されるようになりました（民法（相続法）改正の詳細は第3章で説明します）。

②日付を書くこと

複数の遺言が存在する場合には、後に書いた遺言が優先することになりますので、遺言にはその作成の前後が分かるように作成した日付を明記する必要があります。

具体的には、「令和2年4月30日」と日にちまで書くことが必要で、「令和2年4月吉日」というように日にちが特定できないと無効となってしまいます。

③氏名が自筆で書かれていること
これは、**遺言を書いた人が誰であるかを明確にする**ためです。

④印鑑を押すこと
印鑑は、認印、拇印であっても問題ありません。ただし、実印で押した方が、本人が押したことを強く推認することになりますので、**実印で押す**ことをおすすめします。

⑤加除訂正が民法所定の方法で行われていること
これは、他人によって、**後日遺言が改ざんされることを防止する**ためです。

民法では、遺言の加除訂正の方式が明確に定められており、次の４つが要件とされています。
ア．遺言者自身によりなされること
イ．変更の場所を指示して訂正した旨を付記すること
ウ．付記部分に署名すること
エ．変更の場所に押印すること

▼自筆証書遺言のメリットとデメリット

①メリット

自筆証書遺言を作成するメリットは**自分ひとりで容易に作成できて、費用がかからない**ことです。公正証書遺言を作成するには、公証役場に何度か足を運び、作成の際には所定の手数料を納付する必要がありますが、自筆証書遺言は自分で作成する遺言ですので、いつでも容易に作成でき、費用はかかりません。そのため、気が変わったら、何度でも簡単に書き直すこともできます。

②デメリット

一方で、自分で作成する遺言であるため、先ほど説明しました要件を満たさず**無効となってしまう危険性があります**。よくあるケースでは、遺言をパソコンで作成し、プリントアウトしたものに署名した遺言がありますが、これは当然ながら、全文を自署するという要件を満たしていませんので無効となってしまいます。

また、要件に十分注意して遺言を作成したにもかかわらず、**亡くなった後で発見されない**というケースもあります。公正証書遺言の場合には、公証役場に原本およびそのデータが保管され、相続人が容易に検索することができますが、**自筆証書遺言では、相続人はその存在すら知らない場合も少なくありませんので、発見されないという危険性があります**。そして、当然ではありますが、発

図表11　**遺言書の書式例**

遺言書

私は、この春、胃癌と診断されて自分の健康に不安を覚えるようになった。そこで、私の死後に私の財産をめぐって家族が争うことのないように、遺言を書き残すことにした。

妻の良子には長年大変お世話になった。感謝しきれない。また３人のすばらしい子どもたちにも恵まれ、本当に幸せな人生だった。ありがとう。私の亡き後は、私の意向を理解して、遺言どおりの執行をしてもらいたい。

第１条　私は、長男一郎に対して私の所有する土地と建物を相続させる。ただし、長男一郎は、私の死後、妻良子と同居して介護などを含む老後の生活の一切を世話するものとする。

第２条　私は、次男二郎と長女桃子に対し、私の所有する預貯金の中から、それぞれ現金1,000万円を相続させる。

第３条　私は、妻良子に対して、第１条および第２条に記載した財産以外の預貯金、有価証券、その他一切の財産を相続させる。

第４条　私は、私および祖先の祭祀を主宰すべき者として、長男一郎を指定する。

第５条　私は、この遺言執行者として長男一郎を指定する。

令和二年四月三十日

住所　千代田区九段３丁目９番地12号

田中　太郎　㊞

見されなければ、その遺言が効力を発することはありません。

▼公正証書遺言の作り方

公正証書遺言は、**公証役場において公証人が作成する遺言**です。公証人は、遺言者の口述を筆記して（要するに、遺言者の話を公証人が整理し文章にして）作成することになります。

公証役場に行って、公正証書遺言を作りたいと伝えると、必要書類の案内をされ、どのような遺言にしたいか公証人と打ち合わせをすることになります。その後、何度か公証人と打ち合わせを重ね、文案を作成してもらい、問題がなければ、作成日に再度公証役場に行き、証人２名の立会のもと、公証人が作成した公正証書遺言に署名押印をして、公正証書遺言が完成することになります。

なお、原則として公証役場に足を運び作成することになりますが、病気のため外出が困難であるなどの理由で公証役場まで行けないときは、**公証人が出張してくれる制度もあります**。

▼公正証書遺言のメリットとデメリット

①メリット

公正証書遺言のメリットは、法律の専門家である公証人が作成するために、要件を満たさずに無効となる心配がないということです。

また、公証役場において、原本とデータを保管し、データは全国の公証役場から検索が可能となっていますので、**亡くなった後に遺言が発見されないという心配もありません。**

②デメリット

一方で、公正証書遺言を作成するには、公証役場に足を運び何度か打ち合わせをする必要がありますし、所定の手数料を納付する必要があります。手数料は、遺産の価額、枚数などによって変わりますが、10万円程度になる場合が多いです。また、手数料は、書き換える度にかかりますので、気軽に遺言の内容を変更することはできなくなります。

図表12　**公正証書遺言の書式例**

令和○○年第○○○号

遺言公正証書

本公証人は、遺言者田中太郎の嘱託により、証人鈴木良一、同佐藤栗子の立会いのもとに、遺言者の口述を筆記してこの証書を作成する。遺言者は次のとおり遺言する。

第１条　遺言者は、遺言者の所有する次の不動産を遺言者の長男田中一郎に相続させる。

1　所在　東京都○○市○○町○丁目
番地　○番○
地目　宅地
地積　○○.○○平方メートル

2　所在　東京都○○市○○町○丁目○番地
家屋番号　○○番
構造　鉄筋コンクリート造２階建
床面積　1階○○.○○平方メートル　2階○○.○○平方メートル

第２条　遺言者は、遺言者の有する株式全部を遺言者の長女田中桃子に相続させる。

第３条　遺言者は、遺言者の有する次の定期預金を遺言者の甥である山本三郎に遺贈する。
○○銀行○○支店　定期預金　口座番号○○○○○○○

第４条　遺言者は、第１条ないし第３条記載の財産を除く遺言者の有するその余の不動産、預貯金債権その他一切の財産を遺言者の妻田中良子に相続させる。

第５条　遺言者は、祖先の祭祀を主宰すべきものとして、遺言者の長男田中一郎を指定する。祭具および墳墓に関する権利は、同人に承継させる。

第６条　遺言者は本遺言の遺言執行者として、次の者を指定する。
東京都○○区○○　○丁目○番○号　○○ビル○階
弁護士　鈴木良一　昭和○○年○月○日生

2　遺言執行者に対する報酬は、遺言者と弁護士鈴木良一との報酬約定書に定める額による。

3　遺言執行者は、不動産についての所有権移転登記手続をする権限、預貯金について単独での名義変更、解約および払い戻しをする権限、○○銀行○○支店の遺言者名義の貸金庫の単独での開披、名義変更および解約の権限、その他遺言執行のための一切の権限を有する。

本旨外要件

住　所　東京都○○市○○町○丁目○番○号
職　業　会社役員
遺言者　　田中太郎（昭和○○年○月○日生）

上記は、印鑑証明書の提出により、人違いでないことを証明させた。

住　所　東京都○○区○○　○丁目○番○号　○○ビル○階　鈴木法律事務所
職　業　弁護士
証　人　　鈴木良一（昭和○○年○月○日生）

住　所　東京都○○区○○　○丁目○番○号　○○ビル○階　鈴木法律事務所
職　業　法律事務職員
証　人　　佐藤栗子（昭和○○年○月○日生）

以上のとおり読み聞かせたところ、一同その記載に誤りがないことを承認し、次に署名押印する。

遺言者　　田中　太郎（署名）㊞
証　人　　鈴木　良一（署名）㊞
証　人　　佐藤　栗子（署名）㊞

この証書は、令和○年○月○日本職役場において、民法969条１号ないし４号に定める方式に従って作成し、同条５号に基づき、本職次に署名押印する。

東京都○○市○○町○丁目○番○号
○○（地方）法務局所属　　公証人　金田　丸男（署名）

5. 生前贈与を活用しましょう

▼生前贈与と遺言の違い

生前贈与とは、文字どおり、存命の間に財産を贈与することをいいます。遺言によって、財産を相続させることとの一番の違いは、財産を取得できる時期であり、贈与を受けた後は、贈与を受けた人がその財産を使うことができます。

財産を受け取る側の立場からすれば、より早い時点で財産を受け取った人が、利益が大きくなります。いますぐに５０００万円を受け取るのと、40年後に親が亡くなった時点で５０００万円を受け取るのとでは、その40年間の生活が大きく変わってくることは容易に想像できると思います。

では、なぜ生前贈与を積極的に行わないのでしょうか。

それは、生前贈与の仕組みそのものを知らなかったり、税務上設けられている生前贈与の特例を知らなかったりするからです。生前贈与についての詳細は後述します（76頁以降参照）。

▼生前贈与は相続にどのように影響するのか

例えば、父親が亡くなり、相続人が長男、二男の2人であるケースで、長男が自宅の購入資金として父親から4000万円の生前贈与を受けていたとします。父親には、1億円の遺産があった場合、長男はいくらもらえるのでしょうか。

考え方は2つあります。

1つは、生前に贈与を受けた4000万円は無視して、1億円を2人で5000万円ずつ分けるという考え方です。この場合、長男は嬉しいでしょうが、二男は不公平であると感じるでしょう。もう1つは、生前に贈与を受けた4000万円を遺産の先渡しであると考えて、遺産の1億円に4000万円を加算して、これを2人で7000万円ずつ分けるという考え方です。長男は先に4000万円を受け取っているので、相続時には3000万円を受け取り、二男は残りの7000万円を受け取ることになります。

この答えは、実は第1章ですでに説明しています（29頁参照）。民法では、「特別受益」という制度を採用しており、後者を原則としています。長男が先に受け取った4000万円を「特別受益」といい、これを「持ち戻す」（その価値を計算上、遺産に加算することをいいます）ことが原則となっています。

▼特別受益を持ち戻さなくていい場合がある

生前贈与を受けた財産は、特別受益として持ち戻すのが原則ではありますが、これが必ずしも贈与した者の意思に合致するとは限りません。父親は、二男より長男を可愛がっていて、長男に多めに渡したいと思って、4000万円を生前贈与した可能性もあります（むしろ長男にだけ贈与したのであれば、その可能性の方が高いと言ってもいいでしょう）。

そのような場合に、父親の意思を実現する方法があります。それが「**持ち戻し免除の意思表示**」といわれているものです。

これは、父親が生前に、「自身が亡くなった後、贈与した財産を特別受益として持ち戻さなくても構わない」との意思表示をすることをいいます。この「持ち戻し免除の意思表示」をすることで、長男は、先に受け取った4000万円は持ち戻す必要がなくなり、相続時にも5000万円（生前贈与と合わせて9000万円）を受け取ることができます。

この「持ち戻し免除の意思表示」は、遺言において行うことが一般的です（図表13参照）。

図表13　遺言書（特別受益の持戻免除の例）

遺言書

私は、この春、胃癌と診断されて自分の健康に不安を覚えるようになった。そこで、私の死後に私の財産をめぐって家族が争うことのないように、遺言を書き残すことにした。

妻の良子には長年大変お世話になった。感謝しきれない。また３人のすばらしい子どもたちにも恵まれ、本当に幸せな人生だった。ありがとう。私の亡き後は、私の意向を理解して、遺言どおりの執行をしてもらいたい。

第１条　私は、長男一郎に対して私の所有する土地と建物を相続させる。ただし、長男一郎は、私の死後、妻良子と同居して介護などを含む老後の生活の一切を世話するものとする。

第２条　私は、次男二郎と長女桃子に対し、私の所有する預貯金の中から、それぞれ現金1,000万円を相続させる。

第３条　私は、妻良子に対して、第１条および第２条に記載した財産以外の預貯金、有価証券、その他一切の財産を相続させる。

第４条　私は、私および祖先の祭祀を主宰すべき者として、長男一郎を指定する。

第５条　私は、この遺言執行者として長男一郎を指定する。

第６条　遺言者は、長女桃子に婚姻に際し500万円贈与してあるところ、同女は離婚し、３人の幼子を養育し、家計が苦しい状況であることを考慮して、相続分算定にあたっては、前記贈与がなかったものとして査定すべきである。

令和二年四月三十日

住所　千代田区九段３丁目９番地12号

田中　太郎　㊞

6. 生命保険を活用しましょう

▼生命保険の死亡保険金は遺産に含まれない

生命保険の死亡保険金は、原則として遺産に含まれず、受取人固有の財産となります。

例えば、生命保険の死亡保険金の受取人として長男が指定されている場合には、長男が死亡保険金全額を受け取ることができ、他の相続人に分配する必要はありません。

また、同様に、遺留分算定の基礎となる財産にも含まれません。そのため、生命保険をうまく活用すれば、実質的に遺留分を侵害するような分配を実現することも可能となります。

▼生命保険の活用例

例えば、相続人が長男と二男の2人で、父親はすべての財産を長男に相続させる旨の遺言を書いていました。父親の遺産は、長男も同居している実家の土地建物（3000万円）と預貯金3000万円の合計6000万円でした。

このケースでは、二男は遺留分として遺産全体の4分の1の権利を有していますので、長男に対して、1500万円（6000万円×4分の1）を請求することができます。

では、このケースで、父親が預貯金3000万円のうち1500万円を生命保険としていたら、どうなるでしょうか（生命保険の中には、保険料を一時払いで納付できる商品があります）。

生命保険における死亡保険金は原則として遺産に含まれませんので、遺産は実家の土地建物（3000万円）と預貯金1500万円の合計4500万円になります。

二男の遺留分割合は4分の1なので、二男は長男に対して、遺留分として1125万円（4500万円×4分の1）しか請求できなくなります。一方、長男は、遺産4500万円から遺留分1125万円を差し引いた3375万円に加えて、生命保険の死亡保険金1500万円を取得することができます。

このように、生命保険を活用することで、実質的に二男の遺留分を侵害するような分配を実現することができます。

▼例外的に遺産に持ち戻さなければならないことがある

生命保険の死亡保険金は、「原則」遺産に含まれませんが（31頁参照）、「原則」と強調していることからお分かりのように「例外」があります。

最高裁判所の判例によりますと、生命保険の死亡保険金は原則として遺産に含まれず、受け取った死亡保険金相当額を、生前贈与の場合のように計算上も遺産に持ち戻す必要はありません。

しかしながら、相続人間の不公平が到底容認できないほどに大きい場合には、例外的に、特別受益として、計算上遺産に持ち戻すことになるとされています。

判例では、「保険金の額」、「遺産総額に占める割合」、「受取人と被相続人の関わり合いの程度（同居していたか、介護をしていたか）」などを判断要素として掲げています。

個別のケースにおいて、いくらまでなら大丈夫であるかは弁護士に相談していただいた方がいいですが、例えば遺産の大半を一時払いの生命保険としてしまうケースでは、相続人間の不公平が到底容認できないほどに大きくなりますので、特別受益として、計算上遺産に持ち戻すことになると考えます。

▼死亡退職金も同様に扱う

相続対策の話からは少し逸れますが、勤務先から支払われる死亡退職金も、原則として生命保険の死亡保険金と同様に扱われます。これは、生命保険の死亡保険金も死亡退職金も、残された遺族の生活を保障するためのものであるからです（31頁参照）。

7．正しい生前贈与をしましょう

節税効果のある贈与とは

生前贈与は誰でも手軽に活用できる手法です。亡くなる方が生前に子どもへ贈与することが一般的ですが、贈与の対象者を配偶者や孫などに広げることで、効果的に節税効果を得ることができます。

しかし、**正しく贈与しないと税務上は贈与がなかったものとされ、名義預金として将来の相続で多額の相続税が発生してしまう**可能性がありますので注意が必要になります。

ここでは、贈与税が非課税となる主要な5つのパターン（①生活費や教育費、②毎年の110万円、③おしどり贈与の特例、④住宅取得資金贈与の特例、⑤教育資金贈与の特例）を紹介し、税務上リスクのない「正しい生前贈与」の仕方について説明していきます。

生活費や教育費の生前贈与

生前贈与については、原則として贈与税がかかります。贈与税とは、個人から財産をもらったときにかかる税金をいいます。生前贈与においても、例外ではありません。

しかし、まず押さえておきたい点は、**生活費や教育費の贈与は、もともと贈与税がかからない**ということです。つまり、夫婦、親子、兄弟姉妹など（扶養義務者）から生活費や教育費として贈与されたものは、贈与税は課税されません。

例えば、祖父母や親が子や孫に対して、学費や下宿先の家賃・生活費を負担する場合のほか、結婚費用や出産費用を負担する場合なども、贈与税は課税されません。ただし、贈与税がかからない財産は、生活費や教育費として「必要な都度」直接これらに充てるために贈与されたものに限られます。

▼生活費や教育費以外で使った場合

したがって、名目上は生活費や教育費として贈与されたとしても、預貯金や株式・不動産の購入など生活費や教育費以外に使った場合には、贈与税が課税されます。

さらに、数年分の生活費や教育費としてまとまったお金を贈与した場合には、贈与された年に使いきれなかった部分については、贈与税が課税されますのでご注意ください（教育費と結婚・子育て費用については一括贈与の非課税の特例があります）。

▼贈与の証拠書類に注意

税務署に後から指摘されないようにするためにも、生活費や教育費に関する請求書や領収書を整理して保管したり、祖父母や親の口座から直接、教育費や生活費を支払うようにして証拠を残すようにしましょう。

▼毎年の生前贈与（暦年贈与）は110万円まで非課税

一般的にいわれている「生前贈与」とは「暦年贈与」を指している場合が多いと思います。

暦年贈与とは、暦年（1月1日から12月31日まで）ごとに生前贈与をした場合、**贈与された人1人当たり年間110万円まで贈与税が非課税**となる贈与のことです。

この110万円という非課税枠は、贈与を受ける者を基準として計算します。つまり、子どもが同じ年に父から60万円、母から50万円を贈与された場合には、合計して110万円の贈与を受けたことになるためご注意ください。

暦年贈与は手軽に活用できるものであり、早い時期から計画的に進めることで相続税対策として有効な手段となります。例えば、毎年100万円ずつ10年間にわたって暦年贈与をした場合には、将来の相続財産を1000万円も減らすことができるため、大きな節税効果が見込まれます。

▼生前贈与加算に注意

税法上、**亡くなる前の3年以内に行われた贈与については、相続財産に持ち戻して計算をします**（これを「生前贈与加算」といいます）。

この制度によって、贈与税がかからない110万円以内の贈与であったとしても3年以内に行われたものは、相続税の対象となりますので、相続開始に近い時期に贈与をすると相続税の節税対策にはならないことになります。

しかし、生前贈与加算制度の対象者は、相続によって財産を取得する者に限られています。**相続人とはならない孫や、子どもの配偶者などに贈与をすれば、この3年以内の生前贈与加算には該当しない**ことになります。

したがって、相続が3年以内に生じる可能性が高いような場合には、贈与を受ける者を相続人とはならない孫などにするといいでしょう。孫への贈与は、一代とばして財産の移転ができるという点からも、相続税の節税対策として有効です。

▼正しい暦年贈与をしなければ意味がない

相続税対策として長年にわたり暦年贈与を行ってきたものの、その贈与が適正に行われていなかった場合、過去にした贈与が無効になり「名義預金」として予期せぬ多額の相続税が課税されることも少なくありません。

名義預金とは、預金口座などは子どもの名前になっていても、実質的な預金者は親であるため、単に名義のみが家族の名義になっている預金のことをいいます。税務署が相続税の調査をする際に、最も注目するポイントがこの名義預金です。もし毎年コツコツと行ってきた暦年贈与が税務署に名義預金と判断されれば、過去の贈与はなかったものとして、相続発生時にすべて相続財産に加算されることになります。

税務署に指摘されるような事態にならないように、**暦年贈与を行う際には、①契約書を作成すること、②通帳に記録を残すこと、③預金通帳や印鑑などを子どもが管理すること、④110万円超のときは申告・納税をすること、主にこの4点に注意しましょう。**

①贈与契約書を作成する

贈与の都度「贈与契約書」を作成します。贈与とは「あげます、もらいます」という民法上の契約です。贈与契約は口頭でも成立しますが、いつ、誰から誰に対して、いくら贈与したという事実を、後から見ても分かるように客観的な証拠を残しておきましょう。

贈与契約書には、贈与者（あげる側）と受贈者（もらう側）がそれぞれ自署で署名して押印をするようにしましょう。また、両名の住所や贈与契約書を作成した日付も記載しましょう。

②贈与の記録を通帳に残す

贈与者（あげる側）名義の銀行口座から、受贈者（もらう側）名義の銀行口座へ、直接振り込みで贈与を行い、贈与の記録を通帳に残しておきましょう。また、この振込による送金の日付と贈与契約書の日付を一致させておきましょう。

③預金通帳、印鑑などは子どもが管理する

贈与を行う場合には、受贈者（もらう側）が自分で管理し自由に使える状態の銀行口座に対して振り込みを行うようにしましょう。また、預金通帳やキャッシュカード、証書、印鑑などは受贈者が保管し、印鑑も贈与者（あげる側）の銀行口座の印鑑とは別のものとする必要があります。

④110万円超の場合は贈与税の申告・納税をする

贈与された金額が年間110万円を超える場合、受贈者（もらう側）が税務署に贈与税の申告および納税の手続きをしなければなりません。税務署に対して贈与の実績を明確にするために、あえて年間110万円を超える贈与をして申告および納税をしておく方法もあります。例えば111万円の贈与の場合、納付する贈与税は1000円となります。

▼おしどり贈与の特例

暦年贈与の110万円とは別枠で、**婚姻期間20年以上の夫婦間でマイホーム**（またはその購入資金）**を贈与して一定の要件を満たした場合は、贈与した財産のうち2000万円までが非課税**になる「おしどり贈与の特例」があります。同一の配偶者からの贈与につき、一生に一度に限り適用できます。

▼住宅取得資金贈与の特例

暦年贈与の110万円とは別枠で、おしどり贈与の他にも住宅関連では、**子どもや孫がマイホームを購入する際、その購入資金を父母や祖父母**（直系尊属）**などが贈与して一定の要件を満たした場合、最大3000万円**（平成31年4月1日から令和2年3月31日までに住宅購入の契約をし、良質な住宅を消費税10％で購入した一定の場合）**まで贈与税が非課税**になる「住宅取得資金贈与の特例」があります。子どもや孫がマイホームを購入する予定がある場合には、是非検討したい特例です。

▼教育資金贈与の特例

暦年贈与の110万円とは別枠で、**孫が祖父母から教育資金として一括贈与を受けて一定の要件**

を満たした場合、孫1人につき1500万円まで贈与税が非課税となる「教育資金贈与の特例」があります（父母から子への贈与も可能です）。

祖父母などから教育費として贈与されたものは、もともと贈与税は課税されませんが、もし贈与された年に使いきれなかった場合には贈与税の対象となります。この制度の最大のメリットは、「一括で（生前にまとめて）」1500万円の贈与ができるという点です。ただし、銀行などで教育資金口座を開設するなど所定の手続きが必要となるためご注意ください。

これらの制度の適用を受けるためには複雑な要件を満たす必要がありますので、税務署や税理士と相談して利用するといいでしょう。

8. 財産の組み換えをしましょう

▼分けやすい遺産と分けにくい遺産

遺産分割では、多くの場合、遺産を複数の相続人で分けることになりますが、遺産には分けやすいものと分けにくいものがあります。

現金、預貯金、投資信託、上場株式などは、金額で分けることができますが、不動産、自動車、非上場株式、ゴルフ会員権などは、金額で分けることができません。

分けにくい遺産は、生前に売却し、預貯金などの分けやすい資産に組み換えることも相続対策の1つになります。

▼遺産分割を想定して組み換えを行うケース

分けにくい遺産の中でも最も分け方でトラブルとなるのが、不動産です。

不動産は、共同で所有（共有）することが制度上は認められていますが、相続人間の共有は後日トラブルを誘発する可能性が極めて高いといえます。これは、共有となった不動産は、共有者全員の同意がないと、売却、賃貸、抵当権の設定、建て替えなどの処分ができないためであり、共有者の人数が多くなればなるほど、円満に共有し続けるのは困難になっていきます。

遺産のうち不動産の占める割合が多い方は、このままの状態で相続を迎えた場合に、分けることができるかを検討する必要があります。そして、このままの状態では分けることができない、相続人間でトラブルとなる可能性が高いと予想されるのであれば、生前に不動産を売却し、現金化することを検討しましょう。詳細は、税制上の特例を踏まえて後述します。

▼遺留分侵害額請求権を見越して組み換えを行うケース

例えば、相続人が長男と二男の2人で、父親はすべての財産を長男に相続させる旨の遺言を書いていたとします。父親の遺産は、長男と同居している実家の土地建物（3000万円）と、賃貸用アパート1棟（3000万円）で、預貯金はほとんどありません。

この場合、二男の遺留分は遺産全体の4分の1に相当する1500万円（6000万円×4分の1）です。長男は二男から遺留分の請求のあった場合には、この1500万円を支払わなければなりませんが、手元には現金がありません。

このようなケースでは、長男は、賃貸用アパートを売却して二男に遺留分を支払わなくてはなりませんが、賃貸用アパートは、そう簡単に売れるものではなく、二男はその間も何度も支払うよう催促してきます。そうすると、十分な売却期間を取れずに、二束三文で賃貸用アパートを売却して二男に遺留分を支払わざるを得なくなってしまいます。

こうした事態を避けるために、生前に賃貸用アパートを売却して現金化しておくという方法があります。生前に売却することで、売却時間も十分に取ることができますし、場合によっては、時間をかけて入居者に退去してもらい、更地にして高く売却するという選択肢を取ることもできます。

ただし、生前に売却することで不動産が現金化されて、相続税の負担が増えることもありますのでご注意ください（詳細は後述します）。

▼相続税の納付を見越して組み換えを行うケース

相続税の納付は、現金で行うことになり、遺産の一部である不動産などで納付する、いわゆる**物納は原則として認められていません**。

そのため、遺産のうち不動産の占める割合が多い場合には、遺産の一部である不動産を売却して納税資金を確保することになりますが、第1章で説明したとおり、相続税は亡くなってから10カ月以内に申告・納付する必要があるため、十分な売却期間を取れないというケースは少なくありません。

このようなケースも、生前に財産の組み換えを検討する必要がある典型的なケースであるといえます。

9. 実家を売ると譲渡税がかかるかもしれません

▼遺産となる実家（不動産）の将来を考える

遺産分割や相続税を考えた結果、分けにくい遺産である不動産は、生前に売却して預貯金などの分けやすい財産に替えておく方法を紹介してきましたが、親が住んでいる実家（不動産）も例外ではありません。

実家については、従来は先祖代々の土地は何としてもそのままの形で維持したいと考える人も多かったですが、核家族化が進み、いまは親と子どもが別居することが当たり前になっています。親が亡くなった後も実家に戻らず、そのまま実家を処分（売却）してしまうケースがほとんどです。

実は、**生前に何も対策をしないまま売却すると、売却した際の税金に悩まされる**ことが少なくありません。いま、実家の将来を考えておきましょう。

▼実家を売却したときにかかる税金

実家を売却すると、譲渡税という税金がかかる可能性があります。**譲渡税とは、不動産を売却し**

て利益が出た場合にかかる税金です。この譲渡税は、相続税とはまったく別に課税される税金です。

一般家庭では相続税よりも譲渡税の負担の方が大きいケースがほとんどとなります。

▼譲渡税と売却のタイミング

譲渡税は、実家を売却するタイミングによって納める税金の額が変わります。

一般的に、相続前の売却であれば「マイホームの3000万円控除特例」、相続後の売却であれば「空き家の3000万円控除特例」が使えて譲渡税を大きく節税できます。これらの特例制度は複雑ですので、いまのうちに概要を知っておく必要があります。

▼譲渡所得は不動産が売れた価格そのものではない

不動産を売却することで得る利益を、譲渡所得といいます。譲渡所得に対しては所得税や住民税がかかり、これらを総称して「譲渡税」と呼びますが、税金の正式な名称は「所得税」と「住民税」です。つまり、実家を売却することで得た利益を譲渡所得、この所得に対して発生する税金が譲渡税となります。

譲渡所得は、不動産を売却した際の値上がり益を意味しますので、単純に「売れた価格」そのものではありません。その不動産を買ったときの価格（建物は減価償却などの調整があります）や、売却する際にかかる費用を売れた価格から差し引いたものが譲渡所得となります。

なお、個人の不動産の譲渡所得にかかる譲渡税は「分離課税」といい、給与所得や事業所得などの他の所得とは切り離して計算されます。

具体的な譲渡所得の計算

譲渡所得は、譲渡収入金額から取得費と譲渡費用を差し引いた金額となります。

譲渡収入金額とは、土地・建物の売却代金をいいます。取得費は、①土地建物の購入代金などから、建物の減価償却費を差し引いた金額（実額法）、または②譲渡収入金額に5％をかけた金額（概算法）のうち、大きい金額を用います。なお、相続により取得した場合には、亡くなった方の取得費を引き継ぎます。

譲渡費用とは、仲介手数料や印紙代など、売却するために直接かかった費用をいいます。

課税譲渡所得は、譲渡所得から特別控除（マイホームや空き家についての３０００万円）を差し引いた金額になります。

譲渡税額の計算

税額は、課税譲渡所得に税率（所得税・住民税）をかけた金額になります。この税率は、対象となる不動産の用途や所有期間により異なります。

所有期間が5年以下の不動産を売却したとき（短期譲渡所得）には、39・63％、所有期間が5年を超えるとき（長期譲渡所得）には、20・315％となります。さらに、10年超所有のマイホームの場合には、課税譲渡所得6000万円まで14・21％となります。

所有期間が5年以下か、5年を超えるかの判断は、売却した年の1月1日現在により判断します。

また、相続により取得した場合には、亡くなった方の購入時期を引き継ぎます。

▼譲渡税を少なくするための注意点

実家を売却する際には、土地建物の購入金額を証明する売買契約書や領収書など資料の有無が重要です。譲渡所得を計算するときに、譲渡による収入金額から取得費を差し引きますが、これらの資料がない場合には、取得費は概算法により計算することとなるため、譲渡収入の5％しか取得費を計上することができません。つまり、この場合、譲渡費用を考慮しなければ、売却金額の95％が利益とみなされてしまい、多額の譲渡税が課税されます。

そこで、いまのうちに**売買契約書や領収書など、実家を購入した時の金額を証明する書類を探しておきましょう。**

実家の片づけをするタイミングでこれらを捨ててしまったり、親が保管していた場所を子どもが知らずに紛失してしまったりという例も多く見受けられますが、実家を売却する際の譲渡税を考えると非常にもったいないことです。

10．実家の売却には税制上の特例を活用しましょう

▼マイホームの３０００万円控除制度で節税

実家が先祖代々のものである場合、購入金額などが不明で取得費を概算で計算せざるを得ないことがあります。また、親が昔購入した実家の場合には購入価格が分かっても金額が少額（貨幣価値の変動は考慮されません）であることも多く、これらの場合には売却金額のほとんどが利益となってしまいます。利益が多いということは譲渡税も多いことになります。

古い実家を売却する場合には、最大で売却金額の約20％の譲渡税を覚悟しなければなりません。

そこで、譲渡税の節税対策として覚えておきたいのが、マイホームの３０００万円控除制度です。この制度は、**譲渡所得から３０００万円を控除できる**特例制度です。つまり、売却金額が３０００万円以下の場合には譲渡税がかからないという特例になります。

マイホーム３０００万円控除特例を活用するための注意点は次のとおりです。

①売却する人が住んでいること

３０００万円控除特例は、マイホームを所有して住んでいる人が、そのマイホームを売却した場合にのみ適用があります。したがって、親が住んでいた実家を相続して子どもが売却するような場合には、子どもがその実家に住んでいない限り、マイホームの３０００万円控除の適用はありません。

現代では子どもが親と同居していないことが多く、親が亡くなった時にはすでに、子どもは自ら別の場所にマイホームを所有していて実家に戻って住むことはほとんどありません。したがって、実家を相続して売却した子どもは、ほとんどがマイホームの３０００万円控除を適用できないことになります。この場合でも、相続した実家を空き家のまま売却するときには、後述する「空き家の３０００万円控除」が適用できる可能性がありますのでご注意ください。

②生前に実家を売却すること

実家の売却についてマイホームの３０００万円控除を適用して譲渡税を節税するためには、生前に親が所有し、親自身が住んでいる状態で売却する必要があります。この場合、生前に親が引越をして実家に住まなくなったときには、その**住まなくなった日から3年経過日の属する年の年末**（建物を解体した場合は適用期限が短くなり、上記の期限に「取り壊しから1年以内」という条件がプラスされます）**までに売却した場合に限り、マイホームの３０００万円控除の適用が認められます。**

つまり、原則として、住まなくなってから3年経過日の属する年の年末までに親が実家を売却しないと、マイホームの３０００万円控除は受けられなくなることにご注意ください。

生前の売却でマイホームの３０００万円控除が適用できれば、売却後の手取り資金も多くなり、その分親の生活費、介護費用、医療費、老人ホームなどの利用料などに充てられて、親の生活に余裕ができます。思い切って親が生前に実家を売却して子どもと同居したり、老人ホームなどに入所するのも1つの手段となります。

なお、生前の売却で３０００万円控除を適用できれば譲渡税が大幅に節税できますが、一方で相続税の負担が増加する可能性があります。なぜならば、実家が不動産のままである場合には、相続税の計算上は路線価や固定資産税評価額を基礎として評価するため評価額は時価よりも低くなることが多いですが、生前に売却した場合には時価売却後の現金で評価されるため、不動産の状態で保有しているときよりも評価額が高くなることが想定されるからです。不動産として維持すべきか、現金に換えておくか、家族でしっかり話し合っておきましょう。

▼空き家の３０００万円控除の特例で節税

「マイホームの３０００万円控除」は、基本的に生前の実家の売却について適用できる特例ですが、これに対し、相続後の実家の売却については「空き家の３０００万円控除」という特例が設けられています。全国で深刻化している空き家問題を解消することを目的として、令和5年12月31日までに空き家を売却した場合に認められている特例です。こちらもうまく活用することで、実家を売却したときの譲渡税を節税することができます。

空き家の3000万円控除は、実家を相続して空き家のまま売却した場合に適用できる特例であり、**マイホームの3000万円控除と同様、譲渡所得から3000万円を控除できます。**

ただし、適用するための要件がとても厳しく、解釈も難しい点がありますので、事前に不動産に強い税理士に相談するといいでしょう。主な要件は次のとおりです。

①昭和56年5月31日以前に建築されたこと（旧耐震基準）
②区分所有建物（マンションなど）でないこと
③売却時点で一定の耐震性が認められることまたは建物を解体して売却していること
④被相続人（亡くなった方）が亡くなる直前まで居住していた家であること
※老人ホームなどに入居中に亡くなった場合には、一定の条件を満たす必要があります。
⑤相続があった日から3年経過日の属する年の年末までの間に売却したこと
⑥相続してから売却するまで、賃貸に出したり、相続した人が住んだりしていないこと
⑦売却金額が1億円以下のもの
⑧配偶者や直系血族など、特別な関係の人に対する売却ではないこと

⑨亡くなった方が居住していた市区町村から「被相続人居住用家屋等確認書」を取得すること
⑩その他一定の要件

特に重要なのは、③にあるとおり、**建物を耐震リフォームまたは解体して売却しないと適用にならない**という点です。実家を相続してそのままの状態で売却しても、適用とはなりません。空き家の3000万円控除を使う場合には、売却を依頼する不動産業者に相談して、売り方を工夫しなければなりません。

▼実家（空き家）の安易な活用には注意

また、空き家の3000万円控除は、「相続のあった日から3年経過日の属する年の年末までの売却」という売却の期限がありますが、この期間に賃貸に出したり、駐車場として貸したりといった事業をした場合は適用されません。また、相続人が相続後に一度でもその空き家に住んだ場合にも適用されません。

そのため、相続した実家（空き家）を安易に活用したり、一時的に自身で住んだりすることは避けた方がいいでしょう。生前から空き家の3000万円控除を適用できる見込みがあるかどうかの見当をつけておき、生前および相続後の実家をどのような状態にしておくか考えておきましょう。

11. 相続対策は全部で4つあります

▼4つの対策を並行して行う

それでは、相続対策はどのように進めたらいいのでしょうか。

相続対策、と聞くと遺言の作成や生前贈与などのイメージを持っている人がほとんどだと思います。実は、これらは相続対策のごく一部にすぎません。相続を全体でみると「分割」、「節税」、「納税」、「承継」の4つの対策を並行して行うことが重要です。

「分割」とは、誰がどの財産を引き継ぐかを決めること。

「節税」は、相続時の財産評価額を下げるなどして税負担を軽くすること。

「納税」は、期限内に相続税を納付できるようキャッシュの準備をすること。

「承継」は、次の世代にどのように財産を引き継いでいくかを決めること。

この4つのすべてがうまくいってはじめて、スムーズな相続が可能になります。

つまり、だれがどの財産をどのように引き継ぐか（「分割」と「承継」）を決めながらも、「節税」と「納税」も考えることが必要です。

12. 財産目録を作っておきましょう

▼財産目録とは

相続対策について話し合う時に、最初に検討していただきたいのが「財産目録」の作成です（図表14参照）。有効な対策を立てるには、現状の把握が不可欠です。

財産目録とは、所有しているすべての財産（資産および負債）を具体的に記載した書類のことです。財産目録は、必ず作成しなければならないという法律上の義務はありませんが、被相続人となる親がどのような相続財産を持っているのかが分からなければ、将来に発生する相続税額も分かりませんし、とるべき対策も分かりません。

相続の話をする際には、必ず財産目録の作成をしましょう。相続の手続きが円滑に進むようになります。

▼親の財産を調査するには

財産目録は被相続人となる人（親）に次の①自宅などの不動産、②預貯金、③株や投資信託など

図表14 財産目録の書式例

財産目録 （令和○○年 ○月 ○日）

1 不動産

番号	所在	地目等	面積	評価額	備考
1	東京都○○区○○町○丁目○番○	宅地	120.56㎡	○○○万円	自宅
2	同上	居宅	85.00㎡	○○○万円	自宅

2 預貯金、現金など

番号	金融機関名	種類	口座番号	金額（数量）	備考
1	○○銀行○○支店	普通	1234567	○○○○円	
2	○△銀行○○支店	普通	2345678	○○○○円	
3	△△銀行○○支店	定期	3456789	○○○○円	
4	現金			○○○○円	
	預貯金等合計金額			○○○○円	

3 有価証券など

番号	内容	金額（数量）	備考（変動事項など）
1	○○証券○○支店 ○○電気 500株	○○○○円	購入日○年○月○日
2	○○証券○○支店 ○○製薬 600株	○○○○円	購入日○年○月○日

4 生命保険など

番号	内容	金額（数量）	備考（変動事項など）
1	××保険会社 生命保険金	○○○○円	

5 負債

番号	内容（債権者）	金額（数量）	備考（変動事項など）
1	カードローン（株）アイウ	○○○○円	毎月12000円／ 返済終了○年○月

の有価証券、④生命保険金、⑤ローンなどの借入金をヒアリングして、現状の残高などを把握します。それぞれの準備する書類はカッコ内のとおりです。

①自宅などの不動産（固定資産税課税明細書など。不動産の評価の仕方は後述します）

②預貯金（預金通帳）

③株や投資信託などの有価証券（証券会社からの残高報告書など）

④生命保険金（保険証券など）

⑤ローンなどの借入金（償還予定表など）

▼親の財産には生前贈与した財産が含まれる

また、親が過去に行った生前贈与がある場合には、その内容を確認しておきましょう。親の相続税の申告において相続財産に加算する必要があるかもしれないためです（詳細は前述の5項、7項参照）。

▼節税対策の基本は「評価を下げる」、「財産を減らす」の2つ

財産目録の作成をして相続税を試算してみたところ、将来多額の相続税がかかることが判明することがあります。そうなった場合は、相続税の節税対策として、「相続財産の評価額を下げる」こ

と と、「保有する相続財産を減らす」ことについて、早めに着手しておきましょう。

相続財産の評価を下げるとは、相続財産そのものを減らすのではなく、保険や不動産などといった、相続時の評価額が低くなるような財産を所有して、相続財産の評価額を下げて相続税の負担を少なくする方法です。

例えば、第1章で説明した生命保険金についての非課税限度額（500万円×法定相続人の数）の活用や、後述する自宅についての小規模宅地等の特例（80％評価減）の活用などは、この方法による節税対策となります。

保有する相続財産を減らすこととは、生前に親の生活費や医療費などで消費したり、生前贈与で財産を子どもに移したりするなどして、将来の相続税を節税する方法です。単純に、保有する財産が少なくなると、その財産にかかる相続税も少なくなります。

前述の第5項、第7項で説明した生前贈与について、あなたのケースで活用できるかを検討しましょう。

13. 不動産の評価額を下げて節税しましょう

▼不動産の相続税評価額とは何か

不動産以外の財産・債務については、現在の「時価」で財産目録に記載すれば問題ありません。預貯金やローンは現在の残高、株や投資信託は証券会社が計算した現在の評価額、生命保険金は死亡時に支払われる予定の保険金額です。

ただし、被相続人となる人が所有している建物や土地などの不動産については、税法で定められた評価方法により評価します。これらを「相続税評価額」といいます。

▼建物の相続税評価額とは何か

建物の相続税評価額は「固定資産税評価額」で評価します（親の自宅（居住用）を前提としています。アパートなどの賃貸物件の場合には評価額の計算が異なりますのでご注意ください）。

自宅などの不動産を所有している人は、毎年4月～5月ごろに、その不動産が所在する役所から固定資産の納付書とともに「固定資産税課税明細書」が届いているかと思います。

この固定資産税課税明細書に記載された「価格（自治体によっては、「評価額」と記載されている場合もあります）」の部分が、建物の固定資産税評価額となります。

▼土地の相続税評価額とは何か

土地の相続税評価額の計算方法は「路線価方式」と「倍率方式」の2種類があります。どちらの方法を使うかについては、その土地の所在地によって決まっていますので、選択できるものではありません。自宅が市街地や住宅地にある場合は「路線価方式」を用いることがほとんどですので、ここでは路線価方式を前提に土地の評価の仕方を説明します。

土地の相続税評価額（概算）は、路線価に土地面積をかけた金額になります。

路線価とは、その道路に面している土地1㎡当たりの評価額です。路線価は国税庁のホームページに掲載されている路線価図で確認することができます。

なお、相続税の申告上は、土地の相続税評価額は「路線価×各種補正率×土地面積」で算出しなければなりません。各種補正率を求めるのはかなり難しく、実際には税理士が時間をかけて算出するものなので、財産目録の作成においては「路線価×土地面積」で概算で計算しておけばいいでしょう。

例えば、自宅前の道路の路線価が30万円、土地面積が100㎡の土地の相続税評価額は30万円×

100㎡で3000万円となります。

▼土地の相続税評価額を下げるためにできること

自宅の土地は「小規模宅地等の特例」を活用することにより大きく評価を下げられます。

「小規模宅地等の特例」とは、亡くなった方の自宅の土地や、亡くなった方が事業に使っていた土地を相続する場合に、**一定の条件を満たせば、相続税を計算する際の土地の評価額を最大8割引きにしてくれる制度です。**

例えば、相続税評価額が1億円の土地であったとしても、この特例を適用できれば最大8000万円も評価を下げることができるので、評価額は2000万円で済むことになります。

相続財産の評価額の大半を土地が占めるケースが多いため、将来実家を相続する人は、事前にこの特例を適用できないかを検討し、相続に向けて親や自分の住まいをどうするか検討したいところです。

なお、主として特例の対象となる土地は、亡くなった方（被相続人）の自宅の土地または貸付用・事業用の土地ですが、ここでは自宅の土地（特定居住用宅地等）にしぼってお話をします。

図表15のとおり、小規模宅地等の特例（特定居住用宅地等）は、適用するための要件がとても複雑です。適用対象となるかどうかについては、必ず事前に税務署や相続に詳しい税理士に相談して

図表15 小規模宅地等の特例（特定居住用宅地等）を受けるための要件

区分		特例の適用要件		
		取得者		取得者等ごとの要件
①	被相続人の居住の用に供されていた宅地など	1	被相続人の配偶者	「取得者ごとの要件」はありません
		2	被相続人の居住の用に供されていた一棟の建物に居住していた親族	相続開始の直前から相続税の申告期限まで引き続きその建物に居住し、かつ、その宅地等を相続開始時から相続税の申告期限まで有していること
		3	上記1および2以外の親族	次の(1)から(6)の要件を全て満たすこと（一定の経過措置がありますので、詳しくは下記を参照してください） (1) 居住制限納税義務者又は非居住制限納税義務者のうち日本国籍を有しない者ではないこと (2) 被相続人に配偶者がいないこと (3) 相続開始の直前において被相続人の居住の用に供されていた家屋に居住していた被相続人の相続人（相続の放棄があった場合には、その放棄がなかったものとした場合の相続人）がいないこと (4) 相続開始前3年以内に日本国内にある取得者、取得者の配偶者、取得者の三親等内の親族または取得者と特別の関係がある一定の法人が所有する家屋（相続開始の直前において被相続人の居住の用に供されていた家屋を除きます。）に居住したことがないこと (5) 相続開始時に、取得者が居住している家屋を相続開始前のいずれの時においても所有していたことがないこと (6) その宅地等を相続開始時から相続税の申告期限まで有していること
②	被相続人と生計を一にしていた被相続人の親族の居住の用に供されていた宅地など	1	被相続人の配偶者	「取得者ごとの要件」はありません
		2	被相続人と生計を一にしていた親族	相続開始前から相続税の申告期限まで引き続きその家屋に居住し、かつ、その宅地等を相続税の申告期限まで有していること

出典：国税庁ホームページ（一部加工）

確認するといいでしょう。

ここでは、小規模宅地等の特例における主なポイントを説明していきます。

▼「小規模宅地等の特例」の限度面積

小規模宅地等の特例が適用される土地の限度面積は330㎡（自宅以外の貸付用の土地などについても小規模宅地等の特例を適用する場合、限度面積について一定の調整が入る場合があります）となります。この330㎡に対して、80％が減額されます。

例えば400㎡の自宅を相続した場合、そのうち330㎡までが80％の減額の対象となり、残りの70㎡は減額前の通常の評価となります。

▼「小規模宅地等の特例」が適用できるケース

おおまかには、被相続人などの居住していた土地を①配偶者、②同居していた親族、③配偶者も同居人がいない場合であって3年以上借家住まいの親族、のいずれかが相続する場合に、小規模宅地等の特例を適用できるかが検討できます。

父が亡くなって、母が自宅を相続する場合などが①被相続人の配偶者のケースです。②被相続人と同居していた親族の場合とは、父が亡くなって、同居していた子どもが自宅をそのまま相続する場合などが該当します。③被相続人に配偶者も同居人もいない場合であって3年以上借家住まいの親族の場合とは、亡くなった親が自宅で1人暮らしをしており、賃貸住まいの子どもが相続した場合などが該当します（いわゆる「家なき子特例」といわれています）。

▼「小規模宅地等の特例」が適用できないケース

子どもが親と別居していて、子ども自身が持家を所有している状態で実家を相続しても、小規模宅地等の特例を適用できません。また、配偶者が相続すれば小規模宅地等の特例を使えることがほとんどですが、次の相続で配偶者から子どもが相続した場合には要件を満たさないことが多く、かえって将来の子どもの相続税の負担が高くなる可能性もあります。

実家の土地が都心部にあったり、面積が広かったりして評価額が高く、小規模宅地等の特例を適用して評価額を下げたい場合、生前から対策を講じておきましょう。

▼細かい要件や税制改正に注意

被相続人が生前に老人ホームや二世帯住宅に居住していた場合には、さらに詳細な要件があるためご注意ください。また、小規模宅地等の特例については頻繁に税制改正がありますので、要件を満たしているか、定期的に最新の税制をチェックしておきましょう。

▼売却のタイミングに注意

また、配偶者が自宅を相続する場合を除き、相続した土地を相続税の申告期限（一般的に亡くなった日から10カ月）まで所有することが条件ですので、この期限までに売却すると、小規模宅地等の特例が使えなくなります。親が亡くなった後ですぐ自宅を売却する人は売却のタイミングにも注意しましょう。

第3章

新しくなった相続に関する法律の知識

～最新の相続制度

1. なぜ民法改正が行われたのか

▼約40年ぶりの見直し

相続法制は、昭和55年の配偶者の法定相続分の引き上げや寄与分制度の新設などの改正がされて以降、約40年間、大きな見直しがされてきませんでした。

しかしながら、その間に、我が国の平均寿命が延び、社会の少子高齢化が進展するなどの相続を取り巻く社会経済情勢に変化が生じたことを受け、平成27年2月に法務大臣から法制審議会に対して見直しについての諮問がなされ、平成30年7月に「民法及び家事事件手続法の一部を改正する法律」が成立し、社会経済情勢の変化に対応する形での改正がなされました。

2. 配偶者の居住に関する制度の新設

▼配偶者の居住の権利の新設

配偶者は、相続の場面において最も多くの取り分を有しており、その法定相続分は最低でも2分の1、最大で4分の3になります。

一方で、社会の高齢化の進展および平均寿命が延びたことにより、夫に先立たれた妻が、その後数十年にわたり単身で生活を続けるというケースも珍しくなくなりました。そのようなケースにおいては、妻が住む場所を確保し、さらにその後数十年間の生活資金を確保することが必要になります。

しかしながら、夫の遺産が自宅とわずかな預貯金のみである場合などには、他の相続人との関係で、妻が自宅とその後の生活資金の両方を確保することができなくなってしまうケースもあり、場合によっては、住み慣れた自宅を追い出されてしまう可能性もありました。

そのような事態を避けるために、今回の改正では、「配偶者居住権」、「配偶者短期居住権」の制度を新設し、夫に先立たれた妻（妻に先立たれた夫）に、住み慣れた自宅に居住する権利を認めることになりました（2020年4月1日施行）。

夫婦間の自宅の贈与の特例

配偶者の居住の権利と同様に、妻が住む場所を確保し、さらにその後数十年間の生活資金を確保することが必要であるとの価値判断に基づき、婚姻期間が20年以上の夫婦間でされた自宅の贈与（税法上のおしどり贈与の特例など2章参照）には、持ち戻し免除の意思表示が推定され、計算上遺産に持ち戻さなくていいことになりました。

これまでは、配偶者に対する自宅の贈与も、その他の贈与と同様に扱われ、持ち戻し免除の意思表示がなされない限り、相続の際に、特別受益として、計算上遺産に持ち戻すことが原則とされてきました。その結果、自宅の贈与を受けた配偶者は、自宅のみで自身の法定相続分を使い切ってしまい、その後の生活資金となる預貯金などの金融資産を確保できないおそれがありました。

この制度により、夫が自宅を妻に贈与しておけば、妻は自宅とは別に、夫が死亡した時点で、遺産からその後の生活資金となる預貯金などの金融資産を確保することができるようになりました。

配偶者居住権は相続税の課税対象になる

配偶者の住居を保護するための配偶者居住権は、相続遺産となる権利ですので、この権利も相続税の課税対象となります。したがって、第2章で説明したとおり相続税の評価額を求める必要がありますが、建物を利用するということは同時にその敷地も利用することになるため、「建物を利用するための権利」（居住権）と、「敷地の利用権」の評価が必要になります。複雑な計算となりますので、税理士に相談して正確な評価額を計算するようにしましょう。

▼配偶者居住権の評価のポイント

自分で配偶者居住権の評価額を計算するのは難しいですが、おおまかな相続額をイメージするために、その評価のポイントは押さえておきましょう。

ポイントは、「その家にあと何年住めるか」です。これらを数値で表した指標（建物の残存耐用年数、配偶者の平均余命など）をもとに評価し、将来の価値を現在の価値に引き直す計算を行います。もっと詳しく知りたい場合には、税務署や税理士に問い合わせるようにしましょう。

3. 遺産分割前の預貯金の払戻し制度の新設

▼遺産分割前に預貯金の一部を払い戻すことができる

これまで預貯金は、遺産に含まれず、相続開始と同時に各相続人の相続分に従って当然に分割されるとされていましたが、平成28年の最高裁判所の決定によって、預貯金債権も遺産に含まれることになりました。預貯金債権も遺産に含まれることの結果として、各相続人は、遺産分割が完了するまでは、預貯金の払い戻しを受けられないことになり、その間、未払の医療費や税金といった被相続人の債務を支払えなかったり、被相続人の財産で生活していた家族の生活費が支出できなかったりという問題が生じてしまいました。

そのため、今回の法改正では、遺産分割前に一定の範囲で預貯金を払い戻すことのできる制度を新設しました。具体的には、法定相続分の3分の1を限度に、払い戻しが認められることになります。

例えば、ある銀行に６００万円の預金がある場合には、法定相続分2分の1の妻は、その3分の1である6分の１（１００万円）の限度で、払い戻しを受けることができます。

4. 遺留分制度に関する見直し

▼遺留分が金銭で請求できる

これまで遺留分減殺《げんさい》請求権は、物権的権利と考えられており、権利を行使とすると、遺贈または贈与の一部が無効となるとされていました。その結果、遺産に不動産が含まれる場合に遺留分減殺《げんさい》請求権を行使すると、当該不動産は共有となってしまうことがありました。

不動産が共有になった場合、その後共有関係を解消するために新たな紛争が生じてしまうことから、今回の法改正では、遺留分侵害額に相当する価値を金銭で返還させることに変更がなされました。

なお、この法改正によって、遺留分の権利自体の呼び方も、「遺留分減殺《げんさい》請求権」から「遺留分侵害額請求権」に改められました。

▼相続開始前の10年間の贈与に限って算入される

これまで遺留分算定の基礎となる財産に含まれる生前贈与については、「相続開始前の1年間にしたものに限り」算入すると規定されていましたが、最高裁判所の判例および実務では、この規定を相続人以外の第三者に対する生前贈与に限って適用されるものとし、相続人に対する生前贈与は、その時期を問わず原則としてそのすべてが算入されるとの立場を採用していました。

しかしながら、この考え方では、相続人に対して何十年も前にした生前贈与も算入されることになってしまい、不都合が生じていました。

そのため、今回の法改正では、相続人に対する生前贈与の範囲に関する規定を新設し、相続開始前の10年間になされたものに限り、遺留分算定の基礎となる財産に含まれることになりました。

5. 相続人以外の者の貢献を考慮するための制度の新設

▼相続人以外の者の貢献も考慮されて遺産が分割される

例えば、子どもの1人が親の介護をした場合に、これまでは遺産分割の中の寄与分という形で、その貢献が考慮されてきました。しかしながら、相続人の配偶者などが介護に努め、被相続人の遺産の維持または増加に寄与しても、相続人の配偶者は遺産分割に参加できないため、寄与分を主張したり、何らかの財産の分配を主張することができず、不公平でした。

そのような状況を是正するために、今回の法改正では、「特別の寄与」という制度を新設し、相続人以外で特別の貢献をした者が、相続人に対して金銭を請求することができるようになりました。

6. 遺言制度に関する見直し

▼自筆証書遺言の要件の緩和

第2章において、自筆証書遺言は、すべて自筆で作成しなければならず、パソコンなどを使用すると無効となってしまうと説明しました。

今回の法改正では、その原則は維持しつつ、自筆証書遺言に添付する財産目録に限っては、パソコンなどの機械の使用、遺言者以外の者が作成した財産目録の添付が許されるようになりました（財産目録の各頁には書名押印が必要となります）。

▼自筆証書遺言が法務局で保管できる

これまで作成した自筆証書遺言の保管場所・保管方法は、弁護士に預けたり、銀行の貸金庫に入れておいたり、友人に渡しておいたり、仏壇の中に入れておいたりと人それぞれであって、遺産分割が終わって数年してから自筆証書遺言が発見されるというケースもありました。

そうした状況を踏まえ、今回の法改正では、法務局において自筆証書遺言を保管する制度を新設しました（２０２０年7月10日施行）。

保管に際しては、遺言が民法に定める方式を満たしているかの外形的な確認、作成者と保管を申請する人物の同一性の確認を行なうこととされていますので、貸金庫などに預けた場合の自筆証書遺言が無効となるケースが一定数減ることが期待されています。また、保管費用も数千円程度で済むといわれています。

第4章

相続事例

～身近な相続問題

1. 相続トラブルの原因は多種多様

相続は、人が死亡すれば必ず発生するものであり、どんな人でも一生のうち何回かは必ず当事者になります。

そうであるにもかかわらず、相続対策を行っている人は、少数派であるのが現実です。それはなぜでしょうか。

その答えは、「うちは大丈夫」という根拠のない思い込みです。**「うちは財産がほとんどないから大丈夫」、「うちは兄弟仲が良いから大丈夫」、「うちはいままでもめたことはないから大丈夫」などといっていた人たちが、相続トラブルとなり、時には怒り心頭の様子で、時には疲れ切った様子で、弁護士のところに相談に来るのを何度も見ています。**

どんなに財産が少なくても、どんなに兄弟仲が良くても、そしていままでもめたことがなかったとしても、相続トラブルになる可能性は同じようにあります。むしろそういった人たちの方が、何も準備をしていない分だけ、相続トラブルとなった場合に深刻化する危険性が高いともいえます。

思い込みを捨て、いつか必ず訪れる相続と真剣に向き合ってみましょう。

おおたか総合事務所では相続についてのご相談を、30分5000円でお引き受けしています。遺言書作成は10万円（一般的には10～30万円です）、遺産分割は着手金20万円、報酬金25万円プラス受け取った財産の8％になります。

遺留分侵害額請求は、請求する側ですと遺産分割の場合と同様に、着手金20万円、報酬金25万円プラス受け取った財産の8％になります。請求される側ですと、着手金50万円、報酬金50万円でお引き受けしています。その他、相続手続に関する業務、弁護士費用などの詳細は、当事務所のホームページをご確認ください。

税理士法人スターズでは、「不動産」と「相続」の相談会を開催しております。税理士が面談にてお話を聞き、初回ご相談（1時間）は無料です。

ご相談後、「相続税シミュレーション（前述した「財産目録」を含む）」を作成する場合の報酬は10万円からとなります。また、シミュレーションをもとに「分割」「節税」「納税資金」「承継」の4つの観点から税理士が診断する「相続診断書」を作成する場合の報酬は5万円からとなります。

これらの現状把握（相続診断）を踏まえた上で、依頼人の方の要求を実現するための最適なプランを作成し、弁護士や不動産コンサルタントと連携して、そのプランの実行支援まで行います。これらのプランの作成報酬や実行支援の報酬については、個別にお見積りいたします。

2. 相続財産が自宅のみのケース

▼事案

Aさん家族は、Aさんの実家で二世帯同居をしています。Aさんの母親はすでに亡くなっていて、高齢の父親の日常生活のサポートは、Aさんの妻が中心となって行っています。

父親の財産は、実家の土地建物とわずかな預貯金のみです。

父親としては、同居して、日常生活のサポートをしてくれているAさんに、実家の土地建物を引き継がせたいと考えており、Aさん家族もこのまま住み続けたいと考えています。

Aさんには、弟と妹がいて、2人とも現在は遠方で暮らしています。

▼解説

高齢の方のうち、そこまで裕福ではない平均的な家庭ですと、Aさんの父親ように、自宅は所有しているものの預貯金はそこまで多くないという方が多いかと思います。そして、残される子どもたちからすれば、「うちは財産がないので、もめるはずはない」と考える典型的なケースともいえます。

しかしながら、このAさんのケースのように、親と同居している子どもが、親が亡くなった後も実家に住み続けるためには、他の相続人に、その相続分に相当する対価を支払って、実家を買い取る必要があります。

実家以外に預貯金などの遺産があれば、そこで調整が可能になりますが、実家以外に遺産がほとんどない場合には、長男は自らの貯金で買い取るか、銀行などから借り入れるかしか方法がありません。

万が一、お金を準備できない場合には、実家から立ち退いて実家を売却し、売却代金を相続人間で分割することになってしまいます。

▼有効な相続対策

実家に住み続けたい、実家がほしいという場合には、「Aに実家を相続させる」という内容の**遺言を作成する**という相続対策が有効です。

もっとも、遺言を作成したとしても、他の相続人には、遺留分があります。そのため、遺言を作成した上で、**遺留分に相当するお金を準備しておく**（相続に備えて貯金しておく）ことが必要となります。

3. 多くの不動産を所有しているケース

▼事案

Bさんの父親は、長年にわたり賃貸経営を行っており、築年数は経っているものの、都内にアパートを3棟、貸し駐車場を1つ所有しています。

Bさんのサポートもあって賃貸経営はうまく行っており、現在は借入金もありませんが、財産のほとんどが不動産で、預貯金などの金融資産はそこまで多くありません。

Bさんの父親としては、子どもたちに、アパートと駐車場を引き継がせたいと考えていますが、それぞれの資産価値には大きな差があり、公平に分けることができないのではないかと心配しています。

Bさんは3人兄弟の二男で、兄と弟は賃貸経営には関わっていません。

▼解説

不動産は、分けにくく、相続トラブルになりやすい財産です。それは2つの理由によります。

1つ目の理由は、客観的価値の評価が難しいためです。不動産を共有とすることを避けるため、相続人の1人が他の相続人から、その不動産を買い取ろうとします。しかしながら、不動産を買い取ろうとする相続人はなるべく安く買おうとしますし、売ろうとする相続人はなるべく高く売ろうとします。そのため、その不動産の客観的価値をめぐってトラブルとなることが少なくありません。この傾向は、地価の高い都心部の不動産で顕著であるといえます。

2つ目の理由は、不動産を共有にすると資産価値が減少してしまうためです。共有となった不動産は、売却するのにも、建て替えるのにも、抵当権を設定するのにも、共有者全員の合意が必要となります。そのため、共有持分には、不動産全体に持分割合を乗じた価値はなく、市場価値は大幅に減少することになります。

▼有効な相続対策

Bさんの父親は、アパートを3棟、貸し駐車場を1つ所有していますが、法定相続人である子どもの人数は3人であり、それぞれの不動産を各人に単独所有させようとすると、公平に分けることは困難でした。

一方で、子ども3人の兄弟仲は悪く、不動産を共有とした場合には、近い将来トラブルとなることが容易に予想できる状況にありました。

このようなケースでは、**不動産の一部を生前に売却し、現金化する**という相続対策が有効になります。不動産の一部を現金化することで、分割方法の自由度が高まり、子ども3人に公平に財産を分けることができます。

もっとも、不動産を現金化することによって、譲渡税がかかる可能性があったり相続税が増えてしまう可能性もありますので、税理士に相談しながら進めることをおすすめします。

4. 1人に多額の贈与がなされているケース

事案

Cさんの父親は、３人いる子どもの中でも、特に歳の離れた末っ子のCさんを可愛がり、これまでにマンションの購入資金を援助したり、Cさんの子どもの大学進学費用を援助したりと、総額で5000万円以上もの贈与をしてきました。

一方で、Cさん以外の子には、自立を求め、大きな援助はしてきませんでした。

解説

様々な事情によって、特定の相続人のみに多額の贈与がなされ、相続人間で不公平が生じているケースがあります。

その不公平を是正するために、特別受益の持ち戻しという制度があり、贈与を受けた財産の価値を加えて遺産の総額を計算し、被相続人が亡くなった時点では、贈与を受けた相続人は、その贈与を受けた財産の価値を差し引いた財産を取得するという仕組みとなっています。

しかしながら、Ｃさんの父親は、Ｃさんを特に援助しようと考えて、多額の贈与を行っているのであって、多くの場合、自身が亡くなった際に、生前に贈与した財産が持ち戻されるとは考えていないでしょう。相続人間の不公平を是正するべき特別受益の持ち戻しという制度があるにもかかわらず。この制度によって、かえってその意向に反する結果がもたらされることになってしまいます。

▼有効な相続対策

Ｃさんのケースでは、①贈与を受けたＣさんから相談を受けた場合と、②贈与を受けていないＣさん以外の兄弟から相談を受けた場合で、相続対策の内容が異なります。

①贈与を受けた相続人の相続対策

Ｃさんとしては、これまでに贈与を受けた財産はすでに自分のものになっていると認識しているのが通常であり、父親が亡くなった際に遺産に持ち戻すことになるとは考えたこともないでしょう。

Ｃさんがこれまでに贈与を受けた財産を確定的に取得するためには、遺言を作成し、**遺言において「持ち戻し免除の意思表示」を行う**という相続対策が有効です。このような遺言を作成することによって、Ｃさんは相続時に、贈与を受けた財産を遺産に持ち戻す必要がなくなります。

なお、遺言を作成し、生前に贈与を受けた財産を持ち戻す必要がなくなったとしても、この贈与が他の相続人の遺留分を侵害している場合には、Ｃさんは他の相続人に対して、遺留分に相当する金銭を支払う必要がありますので注意が必要です。

②贈与を受けていない相続人の相続対策

第２章の冒頭で説明しましたように、あらゆる相続対策は被相続人の意思によるものです。そのため、仮に父親がＣさんに多めに財産を引き継がせたいと考えているのであれば、他の相続人にできる積極的な相続対策はありません。

しかしながら、そのような場合であっても、対処療法的かつ消極的な相続対策が２つあります。

１つ目は、父親に遺言を書かせないことです。父親が遺言を書き、遺言において「持ち戻し免除の意思表示」を行った場合には、Ｃさんは贈与を受けた財産を遺産に持ち戻す必要がなくなります。他の相続人としては、自身の取り分をより多くするために、これを阻止することが重要になります。

２つ目は、父親がＣさんに贈与した**財産を把握しておく**ことです。仮に父親が遺言を書くことを阻止できたとしても、父親がＣさんに財産を贈与したことが証明できなければ、遺産に持ち戻させることもできません。その意味で、父親がＣさんに贈与した財産（贈与の内容、時期、理由など）を把握し、証拠を収集しておくことが重要になります。

5. 介護の負担が平等ではなかったケース

▼事案

Dさんは、三姉妹の長女であり、高齢の両親と同居しています。両親とも大きな病気はなく健康ではありますが、年相応に体は弱ってきており、食事・掃除・買物などの日常の家事や病院への送り迎えなどをDさんがサポートしている状態にあります。

今後は両親の介護も必要となってきますが、2人の妹は嫁に出て遠方に居住しています。

▼解説

高齢化・長寿命化が進む我が国において、親の介護の問題は避けて通れないものです。

子どもが複数いる家庭において、すべての子どもが平等に親の介護をするケースは稀であり、通常は同居している、または、近くに住んでいる特定の子ども（ないしその家族）が介護をすることになります。

そのため、介護をした子ども（ないしその家族）としては、お金のためにやっている訳ではないとしても、その貢献を評価してほしいという気持ちになります。しかしながら、実務上、遺産分割調停などにおいて、介護が寄与分として評価されるケースはそこまで多くなく、仮に評価されたとしても、寄与分の金額ないし割合は、介護をした相続人が満足できるものではないことが多いのが実情です。

▼有効な相続対策

介護をしていたこと自体を証明することは、さほど難しくなく、また介護していたかどうかが争いになるケースはそこまで多くありません。問題は、介護をしたことが適切に評価されるかという点ですが、実務上、遺産分割調停などにおいて、介護が寄与分として評価されるケースはそこまで多くありません。

そのため、介護を寄与分として事後的に認めてもらうのではなく、**事前に被相続人に遺言を書いてもらい、介護の貢献を考慮した形での分け方を決めておいてもらう**ことが有効な相続対策となります。

さらに、**遺言の付言**において、「献身的に介護をしてもらったから財産を多めに相続させる」などの理由を付記してもらうと、将来の相続トラブルを回避できる可能性が高まるでしょう。

6. 生前に多額の出金があるケース

▼事案

Ｅさんは、高齢の母親と２人で暮らしています。母親は数年前から認知症で意思の疎通ができず、全面的な介護が必要な状態となっています。

母親の介護に専念するため、Ｅさんは２年前に仕事を辞め、現在は父親が母親に残した預貯金を切り崩して生活しています。

Ｅさんは、三兄弟の二男で兄と弟がいますが、２人とも家庭を持ち遠方で暮らしています。

▼解説

同居している親族が、認知症などで自ら財産管理ができない被相続人の預貯金口座から、多額の現金を出金しているケースがあります。その理由は、被相続人の入院費などの支払いのために出金したというものから、他の相続人には見つからないと思い、出金して遊興費として使ってしまったものまで様々です。

被相続人が亡くなった後、各相続人は、金融機関に過去10年分の取引履歴の開示を求めることができます。開示された取引履歴をみて、使途不明の出金があり、その合計額が数百万円、数千万円になっている場合には、まず間違いなく相続トラブルになるといえます。

▼有効な相続対策

このようなケースでは、①親の財産を管理している相続人から相談を受けた場合と、②親の財産を管理していない他の相続人から相談を受けた場合で、相続対策の内容が異なります。

①親の財産を管理している相続人の相続対策

認知症などで財産の管理ができなくなった親の財産を代わりに管理することになった相続人は、使途不明の出金があると、後日相続トラブルとなってしまうことを念頭において管理を行う必要があります。具体的には、後日**他の相続人に説明できるように、出納帳などをつけて、使途を記録しておく**といった相続対策が有効です。

この点に関連して、何に対して親の財産から支出しても良いかということが問題となります。判断の基準は、本人のための支出かどうかということです。

Eさんは、自身の生活費まで母親の財産から支出していますが、母親の介護をしていることを考慮しても、やはり自身の生活費は、Eさんの財産から支出するべきであるといえるでしょう。

②親の財産を管理していない相続人の相続対策

一方、親の財産を管理していない相続人は、積極的な相続対策を取ることができません。

例えば、親の財産を管理している相続人から定期的に財産管理に関する報告を受けることができればいいのですが、現実には、親と同居している相続人が財産管理を独占し、同居していない相続人は蚊帳の外ということが多いかと思います。

その意味では、**親の財産管理を、特定の相続人に任せきりにせずに、生前からよく話し合っておくことが唯一の相続対策**ということになります。

7. 誤った相続対策を行ったケース

▼事案

Fさんは、両親が亡くなる前に財産を移してしまえば、他の相続人に分ける必要もなく、相続税もかからないと思い込み、両親のキャッシュカードを無断で持ち出し、ATMで数十回に分けて、両親の預貯金を引き出しました。その後も、Fさんは、両親の年金が支給されるとすぐに引き出し、両親の預貯金の残高は常にゼロに近い状態でした。

引き出した現金は、Fさん名義の預貯金口座に入金し、Fさんと両親の生活費や医療費などは、そこから支払っていました。

Fさんは、3人兄弟の長男であり、弟が2人います。

▼解説

第2章においていろいろな相続対策を紹介しましたが、中には、弁護士、税理士などの専門家に相談をせず、誤った相続対策を行い、その結果、深刻な相続トラブルとなってしまうケースがあります。

Ｆさんは、両親が亡くなる前に財産を移してしまえば、他の相続人に分ける必要もなく、相続税もかからないと考えていますが、この考え方は間違っています。

両親の預貯金を無断で引き出し、Ｆさん名義の預貯金口座に入金した行為は、横領に当たります。そのため、Ｆさんは、何らの権限なく不法にお金を所持していることになりますから、出金したお金はすべて両親に返還する必要があります。そして、返還されたお金には、相続税が課税されることになります。

また、Ｆさんは、Ｆさん名義の預貯金口座に入金したお金から、Ｆさんと両親の生活費や医療費などを支払っています。Ｆさん自身の生活費は、自身で負担すべきなのはいうまでもありませんが、両親の生活費や医療費は本来両親の財産から支出すべきものです。しかしながら、Ｆさんは、これらを分けずにＦさん名義の預貯金口座に入金したお金から支払ってしまったことで、本来両親の財産から支出すべきものも含めて返還しなければならない可能性があります。

▼有効な相続対策

Ｆさんの相続対策は誤りですので、このような相続対策を行っている方は直ちにやめてください。

その上で、その状態を放置せずに、弁護士、税理士などの専門家に相談することを強くおすすめします。

Ｆさんのケースでは、両親に贈与の意思があるのであれば、計画的に暦年贈与をするなどして、相続税を減らすことができました。この場合には、特別受益の持ち戻しの問題が生じますので、遺言を書いて、持ち戻し免除の意思表示をすることを忘れないようにしてください。

一方、両親に贈与の意思がない場合、もしくは、認知症などですでに意思表示できない状態にある場合には、相続対策をすることができません。

8. 妻（夫）が介入してくるケース

▼事案

Gさんと弟は、これまで一度も喧嘩をしたことがなく、年に数回は一緒にゴルフに行くなど、とても仲のいい兄弟でした。

Gさん家族は、両親と長年同居し、ここ数年は、Gさんの妻が両親の介護を行っていました。父親が亡くなり、Gさんと弟は、お互い譲り合いながら、お互いの取り分が同じぐらいになるよう遺産分割協議を進めていましたが、Gさんの妻は、両親の介護をした人としてない人が同じ取り分となるのは納得できないといい出しました。これに対して、弟の妻は、Gさん家族は、長年実家にタダで住んでいたのだから、むしろ取り分を少なくするべきだと反論しました。

Gさんと弟は、お互いの妻に押される形で険悪な雰囲気になってしまい、相続トラブルに発展してしまいました。

▼解説

これまで長い時間を過ごしてきた血を分けた兄弟姉妹間で相続トラブルとなる事態はあまり想像できないかもしれません。

しかしながら、親が相続を迎えるときには、兄弟姉妹はそれぞれ結婚して家庭も持っていることが多いのではないかと思います。

そうすると、血を分けた兄弟姉妹だけの問題ではなく、いわば他人である妻（夫）が口を出してきます。そして、妻（夫）は、悪い意味で第三者的な目線で、介入してきます。兄弟間ではもめたくないので、なあなあで済まそうとする問題についても、「不公平だ」、「あちらの家の方がたくさん援助してもらっていた」、「うちは介護したのに、取り分が少ない」などと口を出し、相続トラブルが拡大していくことになります。

▼有効な相続対策

妻（夫）は、相続とは無関係であり、本来は口を挟むべきではありません。被相続人が亡くなった後に、自分の妻（夫）に対して、きっぱりと口を出さないでほしいといえる方は事前の対策は不要です。

一方で、その自信がない方は、あらかじめ分け方などを決めておく必要があります。その意味では、**きちんと遺言を書いておく**のがベストですし、事前に兄弟姉妹間で話し合って遺言の内容を決めてもいいのかもしれません。

9. 想定外の相続人が出てきたケース

▼事案

Hさんは、両親と3人で暮らしているものの、兄弟がいないため、相続対策の必要はないと考えており、相続対策は行っていませんでした。

その後、父親が亡くなり、父親の出生から死亡までの戸籍謄本などを取得したところ、父親は、母親と結婚する前に、他の女性と結婚しており、その女性との間に子ども2人もいたことが判明しました。

このことは、母親もまったく知らず、父親は、以前結婚していたこと、子どもがいたことには、一度たりとも言及したことはありませんでした。

▼解説

Hさんのケースのように前妻（前夫）との間の子どもや愛人との間の隠し子が、死後に判明することは意外と珍しくありません。

このように想定外の相続人が存在することが判明したケースでは、事前に相続対策を行っていたとしても、その前提事実が変わる訳ですから、確実に相続トラブルとなります。

▼有効な相続対策

家族であれば戸籍謄本などを取得することができますので、生前に戸籍謄本などを取得して、隠し子などがいないか確認することは、理論上は可能です。しかしながら、実際にそこまでする人は少数派ですし、出生まで遡って戸籍謄本などを取得するとなると手間も費用もかかってしまいます。

そのため、**本人に隠し子などがいないか確認する**という方法が現実的です。もちろんいいにくい話ではありますが、隠し子などがいるかいないかは、相続対策の内容にも関わる重要なことですので、正直に話してもらうよう親を説得することになります。

そして、隠し子などの存在が判明した場合には、**まずは冷静になってください**。その場合には、遺言を書き、隠し子などの取り分を減少させるという相続対策が有効になります。さらに、生命保険を活用すれば、隠し子などの遺留分を実質的に侵害するような分配を実現することもできます。

10. 持ち家を処分するケース（税金対策）

▼事案

Ｉさんは、５年前に父親を亡くしていますが、母親と、兄がいます。Ｉさんも、兄も実家から独立して家庭を築いていますが、高齢で都心近郊の戸建ての自宅（築30年）に一人暮らしをしている母親を心配しています。

▼解説

配偶者を亡くして一人暮らししている母親（または父親）とその実家の処分について心配されている子どもは少なくないでしょう。

この場合、Ｉさんの母親が実家をそのまま残したいか否か、がポイントになります。母親自身が子どもの近くに引っ越したいなど、実家を売却することを検討していれば、マイホームの３０００万円控除の特例を活用するといいでしょう。

また、母親が亡くなったとき（相続発生時）に、Ｉさんが母親と同居していれば、小規模宅地等の特例（特定居住用宅地等）を活用することもできます。

さらに、現金については、生前贈与の制度を利用すると、相続税を抑えることができるでしょう。

▼有効な相続税対策

Iさんは母親と話し合い、自宅を売却し、マンションを購入することをすすめる方法があります。この場合、マイホームを売却することになるため、売却益のうち３０００万円は特別控除となります。この場合、母親が亡くなったときに、Iさんやお兄さんが同居していなかったとしても、相続後に売却するよりも譲渡税が抑えられます。

さらに、母親が自宅売却によって得た現金を、生前贈与加算の対象とならない孫（兄の子ども、Iさんの子ども）へ毎年少しずつ生前贈与してもらえると、さらなる節税効果があります。

また、Iさんは母親と同居することを前提に、自宅を売却してマンションを購入することも検討しましょう。

不動産の相続税評価額は、おおむね土地部分が公示価格の約80％、建物部分は購入価格の50～70％になります。マンションは一戸当たりの土地の持分が少ないため、戸建てに比べて土地の評価額が低くなりやすいです。母親が亡くなったときにIさんが同居していれば、土地部分の評価額が80％減となる小規模宅地等の特例（特定居住用宅地等）を活用できます。

税制を幅広く活用することで、将来の暮らしに選択肢を残しつつ、有効な対策を実行できたわけです。

おわりに

本書は、将来迎えるであろう相続に対し、残される方の立場から、どのような準備ができるかをまとめた一冊です。

ここ数年、相続に関する法改正が相次ぎ、相続がメディアで取り上げられることも多くなりましたが、相続に向けて準備をしている方は依然として少数派です。

相続に向けて準備をしている方が少数派なのは、お亡くなりになる本人が、そもそも将来のことに無関心であったり（もしくは、考えることを意図的に避けていたり）、将来のことを考えていたとしても行動に移していなかったりするためです。

しかしながら、相続によって、どのぐらい遺産を受け取ることができ、どのぐらいの税金を支払わなければならないかは、残される人の生活に直接的な影響を及ぼす、大変重要な問題です。

多くの相続トラブルは、相続対策をすることにより防ぐことができます。

これまで相続対策は、お亡くなりになる本人の自発性に委ねられていましたが、残される人も、将来迎えるであろう相続に向き合い、お亡くなりになる本人とともに考え、一緒に準備をすることが大切であるといえるのです。

本書は、残される人が、相続に関する基本的な知識を身に付け、相続対策の方法を理解することで、お亡くなりになる本人と、相続について話し合うようになることを目的としています。本書が、ご自身の大切な人と、将来のことについて話し合うきっかけになれば幸いです。

最後になりますが、本書の税務部分の執筆をご担当いただいた税理士の藤井幹久先生、手厚いサポートをしていただいた株式会社ＷＡＶＥ出版代表取締役社長の谷下満浩氏に心より厚く御礼申し上げます。本当にありがとうございました。

執筆者を代表して

弁護士法人おおたか総合法律事務所　弁護士　鈴木　優大

著者紹介

鈴木優大（すずき・ゆうだい）

弁護士法人おおたか総合法律事務所パートナー弁護士。第一東京弁護士会所属。

早稲田大学政治経済学部政治学科卒業。東京大学大学院法学政治学研究科中退。大学院在学中に司法試験に合格し、2011年に弁護士登録。主に企業法務を取り扱う法律事務所勤務を経て、弁護士法人おおたか総合法律事務所にパートナーとして参画。現在は、遺言・相続、不動産関連法務、企業法務、労働紛争、事業承継・事業再生など、個人・法人を問わず幅広い案件を取り扱っている。
●弁護士法人おおたか総合法律事務所ホームページ
http://www.otaka-law.com

藤井幹久（ふじい・みきひさ）

税理士法人スターズ代表社員税理士。東京税理士会四谷支部所属。

早稲田大学商学部卒業。

相談件数10,000件以上の実績を誇る「不動産と相続」の専門税理士。

税理士法人スターズは"「不動産と相続」に特化した専門家集団"を掲げ、不動産を所有している個人と法人を対象に、弁護士や不動産コンサルタントなどと連携して依頼人の問題解決に当たっている。
●税理士法人スターズ ホームページ
https://stars-tax.com

10分でわかる
突然の相続への備え方
～大切な人が亡くなる前にあなたにできる手続きのすべて

2020年 1 月24日　第 1 版第 1 刷発行

著　者　鈴木優大
藤井幹久

発行所　WAVE出版
〒102-0074東京都千代田区九段南3-9-12
TEL 03-3261-3713　　FAX 03-3261-3823
振替 00100-7-366376
E-mail：info@wave-publishers.co.jp
https://www.wave-publishers.co.jp/

装丁・本文デザイン　田中真琴
DTP　システムタンク
印刷・製本　萩原印刷

NDC360　152P　19cm　ISBN978-4-86621-253-1